JN071675

小学校道徳科の新たな課題に挑む

～教材のタイプに応じた授業づくり～

藤 田 善 正 著

小学校道徳科の新たな課題に挑む

ま　え　が　き

　道徳の教科化(「特別の教科　道徳」)は、小学校では平成30(2018)年度から、中学校では令和元(2019)年度から新しい学習指導要領の完全実施に先行して実施されました。検定教科書も全児童・生徒に無償配布され、授業もおおむね順調に行われていると報道されています。事実、道徳科の授業時数はそれ以前よりも増えているという学校現場からの声が聞かれます。しかし、光のあるところには必ず影もあります。実施直前あるいは、直後の年度には、学校の研究教科として「道徳科」を採り上げるところも多くありましたが、関心が高かったのは、道徳の授業の工夫改善という本質的な課題ではなく、道徳の評価文(特に通知表の評価文)をどう表記するかという問題であったところも少なくありません。また、新しい学習指導要領の完全実施が近づくにつれ、教員の関心は、小学校においては、令和2(2020)年度に完全実施の外国語科やプログラミングの方に移っていきました。しかも、令和元年度末からは、新型コロナウィルスへの対応で日本中殆どの学校が休校となり、学校が再開しても、当然のことながら、児童・生徒の健康・安全を守りながらいかに学力保証・成長保証をするかということが、この2～3年の日本の教育界の最大関心事ではないでしょうか。

　教科書が使われることで教材研究が進み、いろいろな指導方法が工夫改善されれば、授業の質が高まることが期待されました。ところが、とりわけこれまで、道徳の時間に席替えをしたり、「学級集団づくり」の美名のもと、ドッジボールやキックベースボールをしたり、人権教育や平和教育を道徳と「読み替え」をして、学習指導要領に記載されている本来すべき道徳の授業をせず、教育委員会へは、「年間35時間以上行っています。」と報告してきた地域は、本来は、教育委員会・学校をあげて教員研修に取り組むべきなのですが、そのような地域では、市町村教育委員会の指導主事や学校管理職は、新任以来、学級担任のときにほとんどまともな道徳の授業をせず、また、研修を受ける機会もなかったため、指導力が乏しく、その結果、教員は教職経験の長短にかかわらず、教科書会社が作成した指導書に頼って授業を行っているという実態があります。過去数年間、私が指

導している大学生のうち、毎年ある程度の学生は、小・中学校の9年間を通して、学習指導要領に明記されているような道徳の授業・読み物教材を使った道徳の授業を全く受けたことがないことを告げます。さて、指導書は、本来経験の浅い教員のために作られたもので、これだけに頼って授業を進めていたのでは、いつまでたっても教材分析をもとにした発問づくりや発問構成の力は身につかず、指導力は高まりません。道徳科の授業において、国語科と変わらない発問をしていることも見られます。教員研修の問題は、「教員の働き方改革」の問題とも関連しますが、初任者研修をはじめ、道徳科の授業研修の機会を与えることが求められます。

　次に、道徳が教科化される直前に、「読み物道徳から、考え、議論する道徳へ」と、文部科学省が発信する道徳授業の改善にかかわるスローガンの言葉が先行してしまったために起きたと考えられる新たな課題もあります。「読み物がいけないと言いながら、教科書の教材はほとんど読み物ではないか。」といった声も聞かれます。また、道徳教育に係る評価等の在り方に関する専門家会議が提言した『道徳科における質の高い多様な指導方法について』の中で提唱された3つの指導方法のうち、「自我関与」という言葉の意味がよくわからず、学校現場ではそれに対応する言葉としての「自分事」という言葉だけが突出してしまって、授業の終末段階において、これから自分はどうするかを決意表明させるような本来の意図とは全く違った授業が行われているケースもあります。また、道徳教材には、問題解決的学習に向いている教材と不向きな教材があるにもかかわらず、どのような教材でも問題解決的学習でできるという教条的な考えで授業を構築したり、役割演技と動作化の違いがよくわからないまま、子どもに何らかの役を与えて教室の前に出て演技させれば役割演技になると思って実践し、結果的には、学級演芸会のような「動きはあっても学習のない授業」が登場したりするといった新たな問題も出てきています。さらに、教科書には「考え、議論する」ことを意識した新しいタイプの教材も掲載されていますから、そのような教材に対する対応も求められます。

　さて、私が昨年度ある小学校の校内研修の講師依頼を受けて、その学校の研修内容について要望を尋ねたところ、各学年の教科書に掲載されたい

わゆる「やりにくい教材」の指導方法であったということもあります。しかし、この学校の教師の姿勢からは、教科書の教材をきちんと指導しなければいけないという良心を感じました。そこで、そのような教材の扱いについても書いてみました。一方、これまで、ある指導方法を推奨する研究者はもとより、道徳授業の工夫改善に熱心に取り組んできた教師の中にも、頑なにある特定の指導方法のとりこになって、その「枠」から抜け出すことをせず、他の指導方法を排除して、そのよさに学ぼうとしないといった排他的な傾向も見られます。もっと柔軟に「いいとこどり」の発想をもって、それぞれの教材に適合した指導方法を研究・実践することはできないのでしょうか。ところが、全国各地の先生方と接しているうちに、このような問題は、ただある地域や教師だけの問題ではなく、全国的に多かれ少なかれある問題だということがわかってきました。

　さて、そのような意味でも、日本の道徳教育は、今、新たな局面を迎えていると感じます。そこで、道徳科の新たな課題に応えるため、私はこの著作の執筆を決意しました。約40年間いろいろな立場で道徳教育と道徳授業の研究と実践を行ってきましたが、どのような立場に置かれても、教壇に立って授業実践を行い、それをもとに発言してきました。

　本書の第Ⅰ章では、道徳科誕生後の新たな課題を採り上げ、第Ⅱ章では、スローガンが先行した結果起きてきたことの問題点とその対処について、第Ⅲ章では、新たな課題へのアプローチとして、１．教材のタイプによる授業の進め方　２．教材分析から発問づくりへ　３．扱いにくい教材のタイプと内容項目について述べていきます。第Ⅳ章では、それらの考えをもとにして、第Ⅰ～Ⅲ章で採り上げなかったいろいろなタイプの教材を使って、その教材の特質と本時のねらい、発問例を提示します。

　ここに、本書出版の実現にお世話いただきました日本教育研究センター岩田弘之様、東口かすみ様にお礼申し上げます。

　令和２年11月

　　　　　　　　　　　　　　　　　　　　　　　　　　　藤田　善正

I 章

道徳科は誕生したけれど

1 「クローズアップ現代」が紹介した道徳の授業から

　道徳の教科化(「特別の教科　道徳」)は、小学校では平成30(2018)年度から、中学校では翌年度の令和元(2019)年度から新しい学習指導要領の完全実施に先行して実施されました。検定教科書も全児童・生徒に無償配布され、授業もおおむね順調に行われているという報道も見られます。

　しかし、小学校の道徳の教科化が実施された直後、平成30(2018)年4月23日に放映されたNHKの「クローズアップ現代」の「"道徳"が正式な教科に　密着・先生は? 子どもは?」を見て、不安になった教師や保護者は多かったのではないでしょうか。この番組は、前年度に道徳科を先行実施している東京都内の小学校を取材して、中学年の「お母さんのせいきゅう書」と高学年の「星野君の二塁打」の授業の一部分を切り取ったものや授業に取り組む教師の発言をもとに、道徳の教科化に反対する教育評論家の　尾木直樹が、コメンテーターとして、その道徳の授業だけでなく道徳の授業の問題点を次のようにいろいろと批判していました。
「一つの価値に落とし込もうとしたときに、意見がぶつかります。教科になったことによる構造的な問題です。」
「家族愛が経済的価値になるのかも大問題で、答えが多様化します。」
「心理的虐待を受け、家族愛を感じられない子もいます。」
「先生によって力量差が出ます。一つの価値を、一つの授業で、一つの話でやることに無理があります。」

　この番組では、「〇〇など22の価値について教えることになっている…」等と、道徳科の学習を各教科における「教える」と同じ意味で使っていましたが、この点は根本的に間違っています。また、この番組で採り上げられていた教材は、かなり以前より道徳教育の研究者や学校現場の教師から賛否両論の意見が出ていたいわゆる「課題のある教材」です。そこで、これらの教材を使った授業の問題点を深掘りしましょう。

　「お母さんのせいきゅう書」は、もともとアメリカの金銭教育の読み物「ブラッドレーの請求書」を翻案したもので、ブラッドレーが、たかしやだいすけ等日本の子どもの名前になり、お金の単位がドルから円になっています。どの教材でも、子どもは、その教材を読んだときに自分の家族をもとにしてものを考えるので、多様な意見が出てくるのはむしろ当然のことかもしれません。同じ教材を読んでも、親から愛されて育った子どもと、親から虐待されて育った子どもが同じように受け止められるとは考えにくいですから、学級の子ども全員が同じようにお母さんの無償の愛に気付くとは考えにくいです。令和2（2020）年度から使われる教科書においても、すべての教科書会社が、小学3年生か4年生で「お母さんのせいきゅう書」か「ブラッドレーの請求書」の題で採り上げています。

　この教材では、お母さんの無償の愛に気付かせることがねらいとなりますが、請求書に添えられているお母さんの心を問うことが大切です。その上で、ブラッドレーの変容について問うことが家族愛についての価値理解を深めることにつながります。

　なお、私が経験の浅い頃、「ブラッドレーのせいきゅう書」を使って授業をしていたときに、
「おかあさんは、なぜ0円という請求書を書いたのでしょう。」
と発問したところ、いろいろな意見に混じって、ある子どもから、
「これから、ずっと、ブラッドレーにただ働きをさせようと思って。」
という答えが返ってきて、焦ったことがありました。親の無償の愛に気付かせようとしたところが、全く逆のことを考えていたのです。しかし、授業後振り返ってみると、その子どもは日頃から戦国武将の策略のような本をよく読んでいるような子どもでした。子どもは、自分の生活背景、体験に基づいた教材の読み方・受け止め方をします。生活背景が違い、体験していなければ、理解できない世界があることに気付かされました。特に、家族を扱う場合は、一つの学級にもいろいろな形態や人間関係の家族があることを想定して行う必要があります。このような場合は、

「なるほど、そういう考えもありますね。」
という冷静な受け止めが基本になります。教師が、望まない意見にあわてたり焦ったりしないことが大切です。児童の発言や書いたものは、多かれ少なかれその子どものこれまでの人生を反映しています。教師は先ずは、それを受け止め、その背景を考えることが求められます。そのような意味では、この教材は教師の子ども理解や人権感覚が問われる教材と言うことができます。

　また、「星野君の二塁打」の原作は、昭和22(1947)年に児童文学者の吉田甲子太郎が、雑誌『少年』に掲載したものが、1950年代から小学校の国語の教科書に、1970年代からは小学校の道徳の副読本に規則尊重の資料として使われてきました。副読本に掲載されてきた半世紀近い間にも、社会や人のものの考え方の変化を考慮しながら、特に最後の場面は、「監督が星野君に出場停止を命じる」から、「監督が星野君に注意する」のように何度か改訂されています。さらに、少年野球の監督の指示・命令に従って行動することが、規則を守ることと同じではないので、一般化できないという論は、平成元(1989)年に出版された宇佐美寛著『「道徳」授業に何が出来るか』[1]等かなり以前からあります。むしろ、これらの教材を使って子どもを一つの考えに導こうとすることに問題がある教材と言うことさえできます。さらに、この放送があった当時、社会問題となっていた「日大アメフト問題」（どんなに危険なことでも、監督の命令に従わなければならない体育会系の体質）と重ねてこの教材を考えた人もいたかもしれません。「星野君の二塁打」は、令和2(2020)度の教科書改訂では、3社が採り上げています。漫画化されているものもあり、また監督の注意の仕方もソフトになっていますが、この教材が含み持つ本質的な問題は変わりません。教師は、少なくとも少年野球の指導者の指示を守ることと、交通ルールや法を守ることとの違いを押さえて指導に当たる必要があります。

　さて、コメンテーターの尾木直樹が指摘した点の中で、家庭が違えば同じ教材を読んでも児童は同じように感じないという点は、共感しますが、

それは、特にこの教材が含み持つ問題でもあり、同じ教材を扱っても先生によって力量差が出るのは、道徳科だけではなく、あらゆる教科において言えることです。なお、道徳の授業は、ある内容項目（価値）を中心にして、心情を育み、判断力を育て、意欲を高めるためのものであり、子どもを一つの価値に落とし込もうとするものであるという考えは、偏ったあるいは間違った捉え方であり、賛成できません。

　さて、この番組では、本来中立的立場であるべきキャスターたちまでもコメンテーターに同調した発言ばかりしていましたので、この番組を視聴した人の多くは、道徳の教科化だけでなく、道徳の授業そのものが、子どもを一つの考えや価値に誘導して、型にはめ込もうとする胡散臭い、あるいは危険なものではないだろうかという疑念を持ったのではないでしょうか。当然のことではありますが、新たなことを行おうとするときの報道は、いろいろな角度からその賛否両論を採り上げる必要がありますが、なぜ、道徳を教科化しなければならなかったのかという点を押さえて、道徳の教科化に賛成する立場のコメンテーターを出演させることも含め、公共放送は、もっと公平・公正な立場で、道徳の教科化について考えていく必要があると思います。なお、道徳の授業は大切であるとしながらも、道徳を教科化することには反対という立場の学者や現場の教師もおり、そういう考えの人々は、教科化の中で可能なことを真剣に探ろうとしています。

　道徳の教科化への賛否を問わず、少なくとも、道徳の授業が、特定の価値観を押し付けたり、子どもたちにとってわかりきったことを再確認したりするようなものではないことは、再確認しておく必要があります。また、学習を通して、子どもが新たな発見のできる授業に改善していく必要があります。とにかく、「特別の教科　道徳」は、スタートしたのですから、それをよりよいものにすることが求められています。

2 教科書配布の意義と課題

　さて、道徳科の教科書配布の意義は、どこにあるでしょうか。それ以前は、①副読本が公費で、全児童・生徒に支給されている市町村、②校費で、学年40冊購入して、学級間で使い回している市町村あるいは学校　③業者がもってきたサンプル本だけが、校長室か、職員室等に置いてあってもほとんど全く使われていなかった学校の3通りがありました。また、②の中にも、市町村教育委員会が、副読本の予算を確保している学校と、校長の裁量あるいは学校の予算委員会を通して学校予算の中から購入する学校がありました。この中で、一番問題が多かったのは、③の学校です。③のような学校では、当時は「資料」と呼ばれていた教材を使って授業をするという考えが浸透していないため、道徳的な要素が多く含まれる教育活動(車いす体験や地域清掃等)を「道徳の時間」とカウントしたり、学校行事にかかわる話し合い等(運動会の係決めや宿泊行事の説明や話し合いや、合唱大会に向けた練習等)を「道徳の時間」とカウントしたり、人権教育や平和教育を「道徳の時間」と読み替えたりして、結果的に学習指導要領は長年にわたって有名無実にされ、憲法はじめ教育関連法で保障されるべき、教育の平等性を担保することができない状況でした。道徳教育に対して意識の高い校長・教職員がいる学校で初めて、③の状況を②の状態にまで改善することが可能でした。それでも、副読本には、使用義務はないので、学級担任の教師の裁量に任されるところが大きかったというのが実情です。

　義務教育(学習指導要領)の理念は、日本中どこに住んでいても、同じ質の教育を受けることができることです。教科書の無償配布の意義はそこにあります。だからこそ、教科書の教材をよりよいものにしていく努力はこれからも求められます。なお、地域の特性を生かした教育は、よい取組であることから、郷土教材を活用することは、子どもにとって身近な教材で授業が行われることになります。また、子どもの関心・意欲を高めるため、教科書に掲載されている教材を紙芝居やDVDや絵話等の視聴覚化したも

のを使用することは、創意工夫したよい取り組みと言えましょう。

　確かに、教科書には法的な使用義務が伴います。しかし、本の好きな子ども・家庭学習の習慣のある子どもは、既に家庭で教科書を読んで、教材のストーリーを知って授業に臨む可能性があります。事実、そのようなことがはっきりと伺える道徳科の研究授業を参観したこともあります。これまで、教師が教材を握っていて、子どもが教材のストーリーを知らない場合には、教材を葛藤場面の前で切って、その続きを考えさせるような授業ができましたが、教科書を使った授業では、教科書を通読してからの授業がスタンダードになります。だから、子どもがストーリーを知っているだけではわからないことを発問していかないと、わかりきったことを再確認するだけの授業になってしまいます。

　令和2（2020）年1月に行われた日本教職員組合の教育研究集会の中で提示された教科書に透ける"答え"に「意味はあるのか」という教師の疑問²⁾は、そのようなところから生まれたという側面もあります。その報告では、友情，信頼をテーマにした小学6年の「コスモスの花」（光村図書）をもとにしたものです。教科書の冒頭には「友達だから」（改訂教科書では「友達とは」）とあり、教材の後の「学習の手引き」（考えよう・話し合おう）には、「友達とは、どんな存在なのだろう。」という質問が記されていました。「単に信用して大切にすべき人、という意見を言わせる授業に意味はあるのだろうか」と、発表者の教師は疑問を呈していました。しかし、これは、教材そのものよりもむしろ、教科書の教材の前や後に書かれている「学習の手引き」（考えよう・話し合おう）の課題と言うことができるのではないでしょうか。

　子どもは、教材に描かれた人物の行動の善悪については、道徳科で指導しなくても既にわかっていることが多くあります。例えば、小学1年生に入学したばかりの子どもに、
「正直とうそつきのどちらがよいでしょうか。」

「親切といじわるのどちらがよいでしょうか。」
などと問えば、ほぼ100％の子どもが、
「正直がよい。」
「親切がよい。」
と答えるでしょう。たとえ、そんなわかりきった陳腐な発問をしなくても、少なくとも、子どもがこれまで気づかなかったような視点からの発問を工夫することで、正直や親切という価値について深く考えさせることが求められます。

　さて、道徳教育は、学校教育全体を通して行われるということは、戦後一貫して変わりません。一方、道徳科（道徳の授業）と道徳教育を関連付けるとともに、道徳科によって変えられること・変えられないことを意識して行う必要があります。また、道徳科は、生活指導ではないということを自覚して指導しないと、空しさを感じることが出てきます。学んだことがすぐに生きることばかりではなく、数十年後に生きてくるようなものもあるからです。すべての教師は、子どもがよくなることを願っていますが、道徳科で変えられることと、学校教育全体や家庭・地域との連携を通しての道徳教育で変えられることを分けて考えるべきです。
　また、学級経営によって、学級の道徳的な雰囲気は大きく変わります。学級がうまく機能しない状況に陥っている場合、道徳の授業だけでなく、あらゆる教育活動がうまくいかないことは言うまでもありません。道徳教育の隣接領域は、学級経営ということもできます。さて、道徳の授業によって、次のようなことが期待されます。
① 子どもが自分のよさに気付いて自信をもつ
② 子どもが子どもを変える（子ども同士がお互いによい影響を与え合う）
③ クラスの道徳的雰囲気の変化

　さて、道徳科の中での子どもの高まりは、授業評価の観点につながりま

す。それは、主として次のようなところで現れます。

① 自分と友達の考えの同じところ、違うところに気付く
② 今まで気付かなかった自他のよさに気付く
③ 最初持っていたものよりもさらに高い価値に気付く
④ 教材の登場人物やその行動に対して、自分の考えをもつ
⑤ 教材の登場人物の変容や失敗の原因を考えられる
⑥ ものや言葉に添えられた心に気付く

　これらは、授業中の子どもの発言や、書いたものなどに表れますので、それらを記憶・記録しておくことが大切です。

3　多くの教師に関心があったのは、授業よりも「評価」の問題

　道徳の教科化を直前に控えた年度と、道徳が教科化された年度では、どこの市町村でも、校内研修のテーマに「道徳」を採り上げる学校が多く、また、市町村教育委員会が研究指定校を設けて、その成果を管轄する他の学校に広めるということが盛んでした。ところが、そのような研究校の研究協議会や、研究発表会で参会者が最も関心を持ったことは、学習指導要領の改訂に伴って、道徳の授業をどう変えるかといった授業の工夫・改善の問題よりも、道徳の評価（とりわけ、通知表における評価をどうするか）の問題に集中しました。これは、教職経験の長短にかかわらず、これまで誰もしたことのない問題で、保護者にとっても関心の高い問題だったからです。

　この問題は、長妻昭衆院議員（当時民進党）が、平成28（2016）年6月、自らのホームページで、小中学生の道徳心や愛国心に成績がつけられ、その評価が受験の内申書にも入ることが決まったという誤報をまるで決定事項のように述べたことから、政治的な問題へと発展しかけました。政府は項目ごとの個別評価は行わず、入学者選抜への使用もなじまないと繰り返し答弁し、文部科学省もそれをふまえた上で、児童生徒の「愛国心」を個別

評価することはなく、入試に活用したり内申書に記載したりしないと明言しました。それらを受けて、文科省の道徳教育に係る評価等の在り方に関する専門家会議では、平成28（2016）年7月22日に、報告を提出しました。

報告書を要約すると、次のようになります。

① 報告書では、道徳科の指導方法について、読み物に登場する特定人物の心情理解に偏らず、多面的・多角的な考え方を促すため、子どもの発達段階に沿った問題解決型の学習などが必要と指摘。

② 評価の基本的な考え方は、子どもが自らの成長を実感し意欲の向上につながるもの、教員にとっては指導方法の改善に取り組むための資料とした。具体的な評価手法は数値ではなく記述式で行い、他の子供との比較による相対評価を採用せず、個々の成長の様子を積極的に受け止め、励ますことに力点を置く。

③ 授業中の会話や感想文、教材の登場人物を自分に置き換えて問題を理解しようとする姿勢などを判断材料とする。発言や文章を書くのが苦手な子どもについては、他者の話に聞き入り考えを深めようとする姿への着目が重要だと指摘。発達障がいのある子どもにも、一人一人の状況を踏まえた配慮と評価方法が求められるとした。

④ 道徳教育は子どもの人格に関わるものだとして、入学者選抜の合否判定に活用しないよう求めた。

このようなことから、道徳性は評価できないので、「特別の教科　道徳（道徳科）」の評価をすることが明らかになってきました。これは、言い換えれば、道徳の授業をしていなければ評価できないことになります。道徳の評価が行われるという情報が入ってきた頃は、「困っている友達を助けている。」「掃除を頑張っている」というようなその子どものよい道徳的行動を書けばよいのではないかと思っていた教師もいましたが、評価するのは、「特別の教科　道徳（道徳科）」における子どもの評価であることが次第に

浸透してきました。ところが、教師の関心は、具体的な評価方法としての、①チェックリストによる評価法、②パフォーマンス評価、③面接による評価法、④ポートフォリオ評価について研究するという本質的なことよりも、通知表にどう記載するかという問題が多かったというのが実態です。また、文部科学省は、公簿である指導要録の評価のことは語っても、補助簿である通知表のことについては、法的には校長の責任において保護者に知らせるものであることから、あまりはっきりとは語りませんでした。しかし、評価のマニュアルや具体的な文例が欲しいという学校現場の声は多くありましたし、そのような声を反映してか、それに特化した評価 通知表所見の書き方&文例集のような著書も出版されています。ところが、このようなマニュアル本は、便利ではありますが、それに頼ることで教師が日々の授業中の子どもを観察する力を育まないという問題点もあります。また、客観的な評価をするために記録として残る「道徳ノート」には、2種類があります。市町村教育委員会や各学校が作成した罫線だけが引いてあるようなノートや、ワークシートを貼ることもよいと考えて作られたノートには、自由度がありますが、教科書の一部分として作られている「道徳ノート」は、かえって、ノートに書かれている発問に縛られて、教師が本当にしたい発問ができなかったり、ノートを埋めることだけにとらわれたり、特に低学年では書かせるのに時間がかかったりするという新たな問題も発生しています。使えるところだけ使ったり、ワークシートを貼ったりするような自由度も認めるようにする必要があります。なお、令和2（2020）年度から使うノートのついている教科書においては、その辺りの改善も見られます。

　それでは、評価の問題は、どう対応すればよいのでしょうか。一言でいえば、指導要録と通知表の違いを押さえたうえで、それぞれの原理原則をはっきりさせて、それぞれの市町村の方針に基づいて記入することが望ましいと言えましょう。マニュアル本の例文に縛られると、かえって融通の利かないことになります。

指導要録の場合

　指導要録の場合、それを見るのは、たとえ、児童・生徒の転出入があるにしても、基本的には、それを見る教職員にわかる言葉で書けばよいのです。稀なことではありますが、指導要録の情報公開を求める保護者がいる場合は、むしろその学校の教育そのものに対する不信感が根底にあるので、道徳科の評価だけに関心があるとは考えにくいです。

（書いたものをもとにして）

・主人公の立場に立ってものを考え、自分の言葉で表現することができる。

・主人公が成長した理由を考えることができる。

・いろいろな立場に立って、ものを考えることができる。

（話したことをもとにして）

・登場人物の行動について自分の言葉で話すことができる。

・登場人物の行動とその理由について、深く考えて表現することができる。

・人間の弱さについても、自分の言葉で話すことができる。

（聞く態度をもとにして）

・友達の意見に耳を傾けて、しっかり聞いている。

　指導要録の場合、教材名が書かれていると具体的になるが、その１教材だけのことになるので、「大ぐくり」という理念を生かして、どの道徳の授業でも見られる子どもの姿を描くことが望まれます。

通知表の場合

　通知表の場合、まず何よりも保護者が理解できる言葉で道徳科の授業における子どもの具体的な成長を書くことが求められます。毎学期通知表に記載する場合は、その子どもの学習状況がよくわかるために、具体的な教材名が書かれている方がよくわかります。小学校１年生の通知表を例にしますと、

（１学期）「はしのうえのおおかみ」において、おおかみが親切の大切さ
　　　　　にめざめた理由を考えることができます。

> （2学期）「かぼちゃのつる」において、かぼちゃが失敗した理由を考え
> 　　　　ることができます。
> （3学期）登場人物が成長したり、失敗したりした理由を考えることがで
> 　　　　きます。

と、書くと、保護者がたとえ、「はしのうえのおおかみ」や「かぼちゃの
つる」という教材を知らなくても、その教材について話し合うことで、そ
こから親子の対話が生まれます。ところが、指導要録の場合は、一つだけ
の教材のことについて書くのではなく、年度末に年間を通しての子どもの
成長を書くのですから、

> 登場人物が成長したり、失敗したりした理由を考えることができる。

と、いった書き方の方がより包括的です。毎学期通知表に道徳科の評価を
記載することが求められる学校や市町村では、1・2学期は、その児童・
生徒の特徴のよくみられる一つの教材における子どもの姿を書き、3学期
は、学年という考え方で書いて、その語尾を常態にして指導要録に転記す
れば、忙しい年度末の時間節約をすることで、働き方改革にもつながります。

小学1年生の1学期と重度障がいがある子どもの評価

　道徳の授業評価として、現時点において有力な方法の一つは、終末段階
で「授業を通しての気付きや考えたことを書く」ことでしょう。しかし、
毎時間こればかりしていると、授業がワンパターン化します。特に、作文
力がまだ十分ではない小学1年生の1学期には難しいと考えられます。5
月末まで国語科では50音の学習が中心なので、「書くこと」に頼りすぎな
いことが求められます。絵を見て話す場合には、「よい」「悪い」だけでな
く、「なぜ、よいのか？悪いのか？」を問うことが大切です。例えば、運
動場や公園の中で遊んでいる子どもたちの絵をもとにして話し合えば、や
ってよいことと悪いことが出てきます。そこで、学級全体で、絵に描かれ

ている一つ一つの行動に焦点を当ててその理由を尋ねることが大切です。行動の理由の中には、その子どもの道徳的なものの考え方がよく現れています。このような理由は、話すことを中心に評価することが求められます。また、書かせることによって子どもを鍛えることは、深く考えさせることはでき、全員参加できる吹き出しなどの工夫ができるので大切ですが、タテマエ意識が先行しやすく、実践との差ができやすいという課題もあります。また、授業中の発表や表情の変化などより多面的・多角的な情報をもとに評価すべきです。これまででも、音楽や図画工作の鑑賞の評価は、感想文の作文力に影響されがちでした。音楽や美術を愛好する心は、作文力と多少重なりはあっても、また別のものではないでしょうか。道徳の授業評価には、書くだけでなく、話したことを記録しておくなどいろいろな方法を併用していくことが望まれます。

　さらに、言語がほとんど理解できないような重度の障がいがある子どもの評価は、道徳科の評価というよりも、

「ありがとう。」「ごめんなさい。」を表情で表すことができる。

といった道徳的行動を表す言葉で評価することを、学校として全教職員が共通理解の上で行うことが求められます。それよりも、もっと考えなければならないことは、特別支援学級に在籍する言語がほとんど理解できないような子どもが授業に進んで参加できる特別支援学級における道徳の授業を工夫することです。これについては、さらに後に事例をもとに述べます。

4 指導書に頼り切った授業の形骸化

　道徳科だけでなく、どの教科においても各教科書会社が自社の教科書に即して発行する教師が教科書に沿って教科指導を行う場合に参考とする「指導書」と呼ばれる図書があります。副読本であった時代から道徳の指導書は存在しましたが、道徳科になることで、学級に1冊あるいは学年に1冊程度は予算化して購入した教育委員会が多いのではないでしょうか。

この指導書は、その教材の特質について研究した教材研究の部分もありますが、教師が一番参考にしているのは、展開例における発問です。しかし、これに準拠している限り、教師は創意工夫をしなくなってしまう傾向があります。指導書は、本来経験の浅い教員のために作られたもので、これだけに頼って授業を進めていたのでは、いつまでたっても教材分析をもとにした発問づくりや発問構成の力はつかず、その教師の指導力は高まりません。とりわけ、これまで他の教育活動を行って、それを「道徳の時間」と読み替えていた地域の学校においては、教師の指導力がつかないということになってしまいます。従って、研究を深めたり、参考にしたりするのはよいのですが、これに準拠した授業をしている限り、その教師の持ち味や、その学級の児童・生徒の実態をふまえた授業はできないということは、押さえておかなければなりません。また、指導書に準拠することによって授業の形骸化が起こります。

　ところで、教科書の教材文の前後に掲載されている「学習の手引き」に該当する「考えてみよう」とか「見つめよう・生かそう」あるいは、キャラクターのイラストに語らせている発問例等の問題点については、扱いにくいタイプの教材と内容項目（４）　感動、畏敬の念で、各教科書会社の具体的な発問例をもとにして、詳しく述べていきます。

5 「本時のめあて」を板書することで見え見えになる授業

　最近、「国語科」や「算数科」等の教科において、「本時のめあて」を授業の導入において板書することで、子どもの授業に対する意識を高めるという授業がよく見られるようになってきました。確かに、私も、「今日は友だちのことについて深く考えましょう。」という言葉を言ってから、授業を進めることがありました。その程度であれば、今日は何について学習するのかがわかりますが、「許しあうことの大切さについて学ぼう」「きまりを守ろう」といったどうすればよいのかという学習の目標を板書するこ

とによって、子どもは、教材を学ぶ以前に、今日の道徳は、「許しあえばいいんだな。」「きまりを守ればいいんだな。」ということが見え見えになってしまいます。このような「本時のめあて」を道徳科の授業の導入の最後に、板書することが、意識を高めるどころか、かえって授業を陳腐なものにしているのではないでしょうか。

　しかも、教科書会社が発行している指導書や、教科書会社のホームページに掲載されている指導案や板書計画には、「本時のめあて」を授業の導入に問いかけ、板書に明記した例が見られます。本時のねらいは、教師は授業を通して一貫してもち続けなければならないものですが、子どもは、教材によっては、授業を通して次第に気付いていくものではないでしょうか。

　また、教科によって、押さえなければならない重点は違います。例えば、体育科では、発問構成よりも、「場の設定」ということが大きな比重をもちます。しかし、どの教科でもそうであるとは言えません。

6 特別支援学級における道徳科の授業

　さて、特別支援学校・学級（地域によっては支援学校・学級と呼んでいるところもあります）における道徳科の授業は、どうなっているでしょう。特別支援学校においては、児童・生徒の障がいの種類や個に応じた道徳科が行われています。ところが、特別支援学級はどうでしょうか。現在は、インクルーシブ教育（人間の多様性の尊重等を強化し、障がい者が精神的および身体的な能力等を可能な最大限度まで発達させ、自由な社会に効果的に参加することを可能にするという目的の下、障がいのある者と障がいのない者が共に学ぶ仕組み）の考えがかなり浸透してきましたが、それ以前から、道徳の時間は、通常の学級で一緒に行われることがほとんどで、特別支援学級で行われることは少なかったのではないでしょうか。確かに、特別支援学級に在籍している子どもが、こんなときにどう考えるのだろうかを理解することは、障がい児理解教育としても大切です。また、教科書

が配布されても、子どもの理解をたやすくするために、絵話や紙芝居にすることが、指導上の創意工夫として大切です。また、知的に軽度の発達障がいの子どもは、役割演技などは小学校高学年になっても恥ずかしがらずに積極的に参加してくれる傾向があります。

　しかし、学年が進むにつれて教材文が難しくなり、知的理解が難しくなるということも押さえておかなければなりません。とりわけ、言語がほとんど理解できない児童・生徒にとって、言語的に難しい道徳教材を学ぶことは、困難であるだけでなく、教材が理解できないために道徳科の授業そのものが楽しくないのではないでしょうか。

　このようなことを考慮して、平成28(2016)年に大阪市立豊仁小学校で行われた近畿小学校道徳教育研究会[3]で行われた授業では、特別支援学級在籍の児童を保護者の考えも配慮しながら、発達や障がいの違いから、3年生1名、4年生2名、6年生1名は通常の学級で、学年の枠を外した1年生1名、2年生2名、3年生1名、4年生1名の計5名は、特別支援1組で、1年生1名、2年生2名、4年生1名、5年生1名の計5名は、特別支援2組で授業を行いました。どのような授業が、その子どもの道徳性を伸ばしてくれるのかこそが大切です。当日特別支援学級で行われた道徳科の授業を一覧表にしてみました。

組	1組（言語がかなり使える）	2組（言語があまり使えない）
教材(資料)名	「どっちーぬくん」 （小学2年生用の副読本教材）	「なかよしランドを楽しもう」
教材提示の工夫	ペープサートを使って	教室内で、遊具を使った遊びを通して
児童数と学年	児童（5名） 1年生…1名　　2年生…2名 3年生…1名　　4年生…1名	児童（5名） 1年生…1名　　2年生…2名 4年生…1名　　5年生…1名
本時のねらい	友達がいることは、うれしくて楽しいことだということを理解する。	友達がいて、一緒に遊ぶということは楽しいということを感じ取る。

また、平成31(2019)年、大東市立四条北小学校で開催された大東市小学校教育研究会[4]でも、支援学級に在籍する児童の実態に合った道徳の授業が行われ、このような動きも、少しずつではありますが、広がりを見せています。

参考・引用文献……………………………………………………………………
1 ）宇佐美寛著（1989）『「道徳」授業に何が出来るか』　明治図書
2 ）道徳の教科化は形だけ？教科書に透ける"答え"「意味はあるのか」疑問の声も（2020）　西日本新聞
3 ）第38回近畿小学校道徳教育研究会大阪市大会『特別の教科　道徳』の実施に向けて・指導案集（2017）　大阪市立豊仁小学校
4 ）大東市小学校教育研究会指導案集（2019）　大東市立四条北小学校

II 章

スローガンが先行した結果
起きたこと

1 「考え、議論する」というスローガンがもたらしたこと

　道徳が特別の教科になったきっかけは、大津市をはじめ全国各地で頻発したいじめ問題に端を発しますが、平成28（2016）年11月18日に松野博一文部科学大臣（当時）は、いじめに正面から向き合う「考え、議論する道徳」への転換に向けてというメッセージを発信しています。

　――道徳の特別の教科化の大きなきっかけは、いじめに関する痛ましい事案でした。これまでも道徳教育はいじめの防止に関して大きな役割を負っていました。しかし、これまでの道徳教育は、読み物の登場人物の気持ちを読み取ることで終わってしまっていたり、「いじめは許されない」ということを児童生徒に言わせたり書かせたりするだけの授業になりがちと言われてきました。現実のいじめの問題に対応できる資質・能力を育むためには、「あなたならどうするか」を真正面から問い、自分自身のこととして、多面的・多角的に考え、議論していく「考え、議論する道徳」へと転換することが求められています。このため、道徳の授業を行う先生方には、是非、道徳の授業の中で、いじめに関する具体的な事例を取り上げて、児童生徒が考え、議論するような授業を積極的に行っていただきたいと思います。――

　この松野文部科学大臣のメッセージからは、いじめに対して「あなたならどうするか」を考え、議論する道徳の授業が求められますが、「あなたならどうするか」を問うことが、本当に実効性のあるいじめの防止につながるかどうかは、検討の余地があります。なぜなら、「いじめ」という現象そのものが単純な問題ではないし、授業を行う学級でいじめが生起しているかいないかによっても、児童・生徒の発言は変わるからです。しかし、そのような社会的背景の中で、「考え、議論する道徳」や問題解決的学習が注目されるようになってきていることは事実です。

　さて、現在この「考え、議論する道徳」をキャッチフレーズにして、道

徳の教科化が進められてきていますが、このキャッチフレーズについては、さらに吟味する必要があります。このキャッチフレーズのうち、「考え」については、当然のこととして受け容れることができます。なぜなら、「考えない」道徳の授業などあってはならないからです。もしも、「考えない」授業があったとしたら、それは、一方的な価値観の押し付けや注入につながるからです。また、道徳の授業では「道徳の時間」が特設されて以来一貫して話し合い活動を重視してきました。それは、同じ意見から自分の考えを補強したり、違う意見から新たな考えを発見することを通して、自分の考えを広めたり深めたりすることができるという考えに基づいています。ただし、「議論」という言葉には、ディベートのように相手を論破するようなイメージが伴うと同時に、発達的に小学校の低学年には不向きな学習活動です。さらに、道徳の教材の中には、「感動教材」と呼ばれるような主人公に共感的理解をして、心情を育むことを意図して作成されたものもあるので、「議論」という方法が合っているものと合っていないものがあります。従って、教師は教材のタイプを見分けることが求められます。そのような意味で、「考え、議論する道徳」という言葉には、スローガン的な要素が垣間見られます。むしろ、「道徳的諸価値の理解」をもとに考え、必要に応じて議論（話し合い）を採り入れるという柔軟な考えが必要ではないでしょうか。

2 教科書配布によってやりにくくなったこと

　前章で、教科書配布によって、教育の平等性が担保できることのよさを述べましたが、教科書配布によって、本が好きなあるいは、家庭学習の習慣のある児童・生徒が、家庭で教科書の教材を読んでそのストーリーを知っているために、その教材をわかったような気持ちになっている場合、「もう知っている」という学習への構えで、真剣に授業に取り組まないことが考えられます。このような児童・生徒には、ストーリーを知っているだけ

ではわからないことを問いかけたり、教材中の人物を自分と重ねて考えさせたりすることで、ストーリーを知っていることで道徳がわかったことにはならないことを知らせることが大切です。

　次に、これまで、教材を教師が握っている場合は、葛藤場面の前で切って与え、そのときの主人公の悩みや、その後どういう行動をとるかを予想したり、自分ならどうするかを語らせたりするような授業展開が可能であり、また、それが効果的なこともありました。しかし、教科書に掲載されている教材の多くは、オープンエンドではなく、主人公がどうしたかまで書かれていることがほとんどであるため、教科書に書かれた行動をもとにしてしか考えられないという問題が出てきました。これからは、教科書を一読してから授業を進めることが中心になってきますので、「もし、～ならば、」「もし、～でなければ、」という発問によって、教科書に書かれている行動以外のことを考えさせるような授業展開が望まれます。

3 「自我関与」がいつの間にか「自分事」に

　道徳教育に係る評価等の在り方に関する専門家会議は平成27(2015)年6月以来道徳科の評価だけではなく、道徳の授業の在り方についても議論を重ねてきましたが、平成28年7月22日の会合で「『特別の教科　道徳』の指導方法・評価等について」の報告書をまとめました。それによると、道徳科における質の高い多様な指導方法について次の3つの学習が重視される一方、登場人物の心情理解のみの指導や主題やねらいの設定が不十分な単なる生活経験の話し合いはよくないとされました。

①読み物教材の登場人物への自我関与が中心の学習
　教材の登場人物の心情を自分との関わりで多面的・多角的に考えることなどを通して、道徳的諸価値の理解を深める。

②問題解決的な学習
　問題解決的な学習を通して、児童生徒一人一人が生きる上で出会う

様々な問題や課題を主体的に解決するために必要な資質・能力を養う。
....

③道徳的行為に関する体験的な学習
　役割演技などの体験的な学習を通して、道徳的価値の理解を深め、様々な課題や問題を主体的に解決するために必要な資質・能力を養う。

　ところが、①読み物教材の登場人物への自我関与が中心の学習は、「自我関与」という言葉が通常の教育用語ではなく、専門的過ぎて普通の教員に理解できないので、「自分事」という言葉に読み替えられている傾向が見られます。

　さて、この自我関与という言葉は、心理学用語で、ある事柄を自分のもの、あるいは自分に関係があるものとして考えること。(デジタル大辞泉)と定義されます。青木孝頼著『道徳資料における基本発問』[1]は、昭和49(1974)年に発刊された著書ですが、この言葉が道徳資料(教材)を自分とのかかわりで捉えさせることの大切さを説いて、この著書の中で何度も使われています。

　服部敬一[2](2018)は、自我関与の言葉の意味を押さえたうえで、これまでの実践に見られる「共感」「自我関与」の3つのタイプを次のように分類し、

(1)教材の登場人物になりきらせるタイプ(憑依タイプ)
(2)登場人物の状況に、自分だったらと考えさせるタイプ(自分ならタイプ)
(3)自分自身を見つめさせる対応(振り返りタイプ)・「価値の一般化」より
　狭い概念

　これまでに多く用いられてきた「自我関与」「共感」のための3つの手立てには、どれも課題があるとし、自我関与のための有効な手立てとして、登場人物の気持ちを問うよりも、
「登場人物がなぜそのような判断をしたのか」
「登場人物がなぜそのような気持ちになったのか」
を類推させ、理解させることや、理由を問うことこそ重要であると述べています。つまり、「この時主人公が○○したのはなぜか」と発問すること

が有効ではないだろうか。と、述べています。

　また、淀澤勝治[3](2018)は、…これらのことは，従来の授業における「振り返り」であるとか，「価値の一般化」(道徳的価値について，教材中の特定場面だけでなく，自分や自分の生活に広げて考えること)にあたるものと思われます。しかしながら，そもそも道徳の時間において「自我関与」のない授業など成立するのでしょうか。それなのに，あえてこの文言が提起される根拠として考えられるのは，それらが十分に行われていなかったからだと捉えることができそうです。……と述べ、教師に求められることとして、次の3点を挙げています。

1．「教材との対話」の場面
　　子どもたちをその物語の世界に引き込むような範読
2．「他者との対話」の場面
　　話し合いを活発に進行させる技術(対話的な話し合いをコーディネートする力)
3．「自己内対話」の場面
　　自己内対話を進める静かで落ち着いた時間と空間の確保

　私は、「考え、議論する」道徳の授業が可能になるためには、「自分のこととして考える」ことが前提になると考えます。道徳の授業の中で、今までよりもさらに「自分のこととして」考える時間にすることや、指導の充実が求められています。

　ところが、前述したように、学校現場においては、「自我関与」という言葉が「自分事」と読み替えられたために、本来あるべき教材と接点をもって考えさせることよりも、終末段階において「これから、あなたはどうしますか。」と、決意表明させていることにつながっていることがよく見られ、本来この言葉が使われるようになった意図とは違ってきているという新たな課題が見られます。しかし、この「読み物教材の登場人物への自我関与が中心の学習」こそが、どの教科書会社に掲載された教材において

もメインとなる学習方法です。教材と自分の接点づくりをすることは、道徳の授業の王道です。

参考・引用文献‥‥‥‥‥‥‥‥‥‥‥‥‥‥‥‥‥‥‥‥‥‥‥‥‥‥‥‥‥‥‥‥‥‥‥‥
1）青木孝頼著（1974）『道徳資料における基本発問』　明治図書
2）服部敬一著（2018）「自我関与」　日本道徳教育方法学会発表資料
3）淀澤勝治著（2018）「自我関与」とは　光村図書
　　https://www.mitsumura-tosho.co.jp/kyokasho/s_dotoku/keywords/vol06.html

 4　問題解決的学習の可能性と課題

（1）問題解決学習と問題解決的学習

　小学校学習指導要領解説[1]95ページには、5　問題解決的な学習など多様な方法を取り入れた指導の項の冒頭に　(1)問題解決的な学習の工夫として、道徳科における問題とは道徳的価値に根差した問題であり、単なる日常生活の諸事象とは異なる。と明記してあります。

　それならば、コーヒーと紅茶のどちらが好きかといった個人の好みの問題や、どうしたら給食の割れ食器を減らすことができるかとか、廊下を走らないようにするにはどうしたらよいかといった給食指導上・生活指導上の問題は、道徳科で扱う問題とは言えません。また、道徳科における問題解決的学習とはこれまで理数系教科や社会科などで実践されてきた問題解決学習と比べて、単に「的」という言葉が入っているというだけでなく、指導過程や発問に似ている側面はあるにせよ、異なるものです。

（2）問題解決的学習の発問

　次に、問題解決的学習を発問レベルで問い直してみましょう。
「主人公は、何と何で迷っていますか。」といった発問は、主人公の迷いが描かれている場合には、主人公の選択肢を明確にするという意味では、よ

い発問であると考えます。例えば、教材「二わの小とり」（7社1年）において、「みそさざいは、何と何で迷っていますか。」という発問や、教材「手品師」（8社5・6年）において、「手品師は、何と何で迷っていますか。」といった発問がそれに当たります。ところが、例えば、「ここでは何が問題になっていますか。」という発問は、教材全体に拡散すると収拾がつかないことがありえます。特に低学年の児童にとっては、このような発問は漠然とした発問であり、初めて接する教材の中で何が問題であるかを見つけることはかなり難しいと考えられます。また、たとえ学年が進んでも、教材中に問題が複数あって、児童がそれらを列挙した場合、それらを焦点化することに多くの時間を割くことになってしまうこともありえます。例えば、教材「まどガラスと魚」（5社3・4年）の授業において、児童が、教材を読んだ後に、「この話を読んで、どんなことが問題だと思いますか。」といった大ぐくりな発問したときには、それまでの学級経営においてよく発言ができるように育てている学級においては、

「千一郎が謝らずに逃げたこと。」

「千一郎がぶんすけにつられて逃げたこと。」

「千一郎がなかなか謝りに行かないこと。」

「千一郎は、ガラスが割れたあと、どうなったか見に行っていること。」

「ぶんすけは、最後まで謝っていないこと。」

など、教材全体の中から多くの問題点が出てくる可能性があります。それをみんな採り上げていたら、授業はとても45分では終わらないし、ある意見だけ採り上げて、ある意見を採り上げなかったら、子どもに不満が残る可能性があります。もう少し、教材文のある部分に焦点を絞って、「千一郎は、どうして、逃げてしまったのでしょう。」とか、「千一郎は、どうして、なかなか謝りに行けないのでしょう。」といった焦点化された発問をすべきではないでしょうか。

　さて、問題解決的学習の提唱者である柳沼良太[2]は、さらに、発問についても大胆な提言をしています。それは、これまで、道徳の授業において

ホンネが出にくくなる、あるいは発言と行動の乖離が生じやすいという理由で使わないほうがよいとされてきた「こんなとき、あなたなら、どうしますか。」という発問を積極的に採り入れていることです。言い換えれば、教材の登場人物を自分に置き換え理解することです。

　この発問については、賛否両論があります。明治図書の月刊道徳教育2018年8月号においては、小特集として『発問「あなたなら、どうする」を研究する』が組まれています。

　賛成論者として、富岡栄[3)]は、日常生活は葛藤の連続であることから、道徳科は、仮想の訓練の場であると捉えることもでき、自分がこれから出会うであろう様々な道徳的な葛藤の場面について多面的・多角的に考え納得解や最善解を目指して思考していくための訓練の場であることから「あなたならどうする」という問いがとても重要になってくると論じています。また、現代的な課題としての生命倫理（脳死・ドナーカード・遺伝子操作）に関する問題等では、このような問いを避けて通ることができないと述べています。

　一方、反対論者として、後藤忠[4)]は、道徳授業でなぜ教材を使うという意味を考えた時に、子どもは教材に自分の心を映して自分の心を見つめ、自己の考えを深める学習をしてきたことを挙げ、従って、「考える道徳」とは「自分ならどうするかを考えること」ではないと論じています。その上で、道徳科で取り組むべき第一義は、道徳的諸価値についての自覚を深めることにあると考えています。子ども時代に最も力を入れて育てるべきは、こうした内面の力ではないでしょうか。道徳科の学習を実生活の予行演習（スキルトレーニング）みたいなことに使うのは、あまりにもったいないと思えてならないと述べています。

　私は、「あなたならどうする」という発問は、①誰が考えても善悪がはっきりしているような教材や題材　②一方が高い価値観に支えられており、他方が低い考えに支えられていると思えるような教材や題材を扱う場合には不向きであると考えます。

よく採り上げられる事例として、「もしも道に500円玉が落ちているのを見つけたら、あなたならどうしますか。」と問えば、「拾って自分のものにします。」と答える子どもはまずいないでしょう。そのような発言をすれば、学級の中で自分がどのような目で見られるかが容易に想像できるからです。このような場合、教材や題材の登場人物に託して、「もしも道に500円玉が落ちているのを見つけたら、○○はどうするでしょう。」と問えば、いろいろな選択肢が生まれ、さらに、その行動のもとになる考えを問うことによって、考えを深めていくことが可能です。これは、「あなたならどうする」という問いが最も不向きな事例です。

　同様に考えれば、ナチス・ドイツの迫害から逃れてきたユダヤ人難民にビザ発給を続けた外交官、杉原千畝を取り上げた教材「杉原千畝（命のビザ）」（3社6年）において、ユダヤ人にビザを書くかどうかという場面で、「あなたが、杉原千畝なら、どうしますか。」と問えば、ほとんどの子どもは、「ビザを書く」と答え、選択は一方に偏るでしょう。それは、人道的見地や多くのユダヤ人の命がかかっているという人命尊重という現代において普遍的と考えられる価値と比べれば、「ビザを書かない」と答えることは、いかなる理由があるにせよ、人道に反し人命軽視につながるので、そのように答えにくいからです。また、杉原千畝の行動を伝えてから、「あなたは同じことができますか」と問いかける授業実践をした教師がいたそうです。しかし、「できる。」と答えた子どもが道徳的に高い子どもで、「できない。」と答えた子どもは道徳的に低い子どもでしょうか。実際に子どもが将来そのような決断を迫られる状況に立たされる可能性はほとんどないでしょうが、もしも、決断を迫られたときその通りできるでしょうか。このような発問自体が、子どもを無理やりに選択や決断を迫って問い詰めるだけの発問になることを危惧します。道徳の授業の即効性をあまり求めすぎてはいけません。

　どちらの選択をしても、反対意見をもつ者にとってもある部分においては納得できるような論拠があるような教材においては、「あなたならどう

する」のような発問に基づく議論や話し合いをすることが有効になると考えます。例えば、教材「ぐみの木と小鳥」（6社2年）において、小鳥が嵐の中をりすにえさを届けるかどうかという場面で、「嵐の中をりすにえさを届けるか、嵐が止むまで待つか」という選択の場合に、「あなたが小とりならどうする」という発問は、一定有効でしょう。なぜなら、前者は思いやりという価値に支えられており一刻も早くえさを届けたいという想いに支えられ、後者は、生命の安全という価値に支えられていて、嵐に巻き込まれて生命を落としたり、けがをしたりしたのではえさを届けることさえできないという意味で、どちらの選択をしても、異なる選択をした児童の考えをお互いが一定理解することができるからです。言い換えれば、道徳的価値が見える課題における選択であるからです。また、「絵はがきと切手（大きな絵はがき）」（7社4年）において、主人公のひろ子が、もらった絵はがきの切手の料金不足を正子に伝えるか、伝えないかという場面で、「あなたがひろ子ならどうする」という発問は、伝えるにせよ、伝えないにせよ、その理由を議論したり、話し合ったりする中で、考えを高め合えることができるという点で、有効です。ここでは、友だちに悪く思われたくないと思って行動することには足りないことはないだろうかということを考えさせることが大切ですが、料金不足を伝えるにせよ伝えないにせよ、どちらの選択をしても、その理由の中にある課題を話し合うことで、友情，信頼に対する考えを高めることは可能です。

　また、「あなたならどうする」という発問は、時として、方法論に流れやすくなる傾向もあります。私が過去に授業参観した実例を挙げると、教材「ふり出した雨」（文部省資料　現在掲載された教科書なし）において、「あなたならどうする」という発問をしたら、「一度家に帰って傘をもって学校に行ってニワトリの世話をすれば、雨にもぬれないし、ニワトリの世話もできる。」という意見が出た瞬間、学級の児童全員がその意見に賛成して、児童の思考はそこで停止してしまったという極端な授業の事例もありました。言い換えれば、道徳の教材を生活上の問題解決的に扱うと、価値を自

覚することよりも、問題に対する対処の仕方の方に目が向いてしまい、学級活動的になってしまうのです。

　「もし自分が○○だったらどうする」という発問も、「あなたならどうする」と類似した課題が出てくるでしょう。「フィンガーボール（生きたれいぎ）」（4社3・4年）において、「もし自分が女王だったらどうする」という発問をすれば、①水を飲む、②水を飲まずに礼儀作法を教える　③こっそりとフィンガーボールのはたらきを教える等の方法と、その行動を支える女王の想いや考えが出てくるでしょうが、この教材の本質は、女王の粋な対応とそれを支える心について学ぶことであって、客が自らの無作法な行いに気付いて、同じような場面において再発防止させるためにどうすればよいかを考えさせることではありません。このように、問題解決的学習は、具体的な行為や問題解決の方法を考えることに終始してしまうという課題があります。

　さらに、前述したように、道徳が教科化されることによって、教科書が配布されると、全員ではないにせよ児童・生徒が家庭学習によって教材を読んで、既にあらすじ程度は知っていることが考えられます。そのような場合、葛藤場面の前で教材を分割して、「あなたならどうする」という発問をしても、教科書に書かれている選択に引きずられる可能性も無視できません。「あなたならどうする」という発問は、結果がわからない方が、思考が活性化するという意味でより効果的ですが、教科書が配布されることによって、教科書に掲載されている教材は、葛藤場面の前で分割するという従来よく行われていた方法が使いにくくなるということを押さえておく必要があります。

　ところで、このような発問を、いじめの場面を例にして考えれば、「あなたならどうする」という発問を、いじめ問題が起きていない学級において考えさせることは、想像力を高めることを通して規範意識を育むという意味において一定有効なこともありましょうが、現実にいじめ問題が起きている学級において、その解決のために行うのは不適切です。学級が

このような状況に陥った場合、子どもは、そのような学級内の人間関係に引きずられて、決してホンネを語ろうとはしません。よいとわかっていても注意できず、悪いとわかっていても力関係でやってしまうところに、いじめ問題解決の難しさがあります。

　また、教材が心情を高める目的で描かれたいわゆる感動教材の場合、「あなたならどうする」のような発問は、有効とは言えません。問題解決的学習の提唱者やその賛同者は、定番教材を含むどのような内容項目の教材でも問題解決的学習ができて、しかもそれが効果的であると主張していますが、そのような考えには賛成できません。もちろん「あなたならどうする」だけが問題解決的学習の中心発問ではありませんが、教材の種類・学級の実態・子どもの発達段階を踏まえてその有効性を再検討する必要があります。

（3）問題解決的学習を想定して創られた教材

　平成30（2018）年に発行された教科書には、問題解決的学習を想定して創られた教材もあります。例えば、教材「これって不公平？」（日本文教出版　5年）は、4つの問題場面だけが提示されている新しいタイプの教材です。これら①〜④のどの問題に対しても、共通してできる発問としては、「これって不公平だと思いますか。」「どうしてそう思うのですか。」「どこに問題があると思いますか。」といった問題追求的発問と、「こんなとき、あなたなら、どうしますか。」「こんなとき、どうしたらよいでしょう。」といった問題解決的発問によって発問構成していくことが考えられます。さらに「この問題は、相手のどんな想い（気持ち）や立場に立って考えたらよいでしょう。」という発問によって、行為のもとになる想い（気持ち）や相手の立場を考えることによって、行為のもとになる想い（気持ち）や他者理解を補完していくことが求められます。問題解決的学習は、むしろ、このような課題だけを与えるような教材において、子どもの判断力やそのもとになる考えを育成する可能性が高いのではないでしょうか。

　問題解決と言えば、必ず答えを出さなければならないというように教師

は思いがちですが、道徳においては問題の解決に向けて１時間の授業で合意形成することを目的とするような時間ではないということを、教師がしっかり認識することが重要です。

　最近、問題解決的な学習を採り入れた授業を参観したり、実践事例を書いた書籍等の文書情報を目にしたりする機会が増えてきましたが、特に問題解決の発問に対する子どもの発言は、教材を通しての気付きなのか、それとも子ども同士の話し合いの結果なのか、これまでの経験知をもとにした発言なのか、授業を参観しただけでは区別できないことが多いです。また、教材・学級の実態・発達段階によって、この指導方法が有効であるかどうかは変わってきます。いずれにせよ、問題解決的な学習が現実に起きる生活上の問題解決に直結すると短絡的に考えないことが大切です。

参考・引用文献⋯⋯⋯⋯⋯⋯⋯⋯⋯⋯⋯⋯⋯⋯⋯⋯⋯⋯⋯⋯⋯⋯⋯⋯⋯⋯⋯⋯⋯⋯⋯
１）文部科学省編（2015）　小学校学習指導要領解説　95　文部科学省
２）柳沼良太編著（2016）『子どもが考え，議論する問題解決型の道徳授業・事例集』図書文化
３）富岡栄著（2018）「あなたならどうする？」のよさ　月刊誌「道徳教育」8月号　61〜63　明治図書
４）後藤忠著（2018）「あなたならどうする？」の危うさ　月刊誌「道徳教育」8月号　58〜60　明治図書

5　かえってやりにくくなった役割演技

（1）役割演技と動作化

　役割演技については、平成27(2015)年７月に告示された学習指導要領解説[1]84〜86ページにおいて疑似体験的な表現活動の工夫の一例として解説されています。

> (4)道徳科に生かす指導方法の工夫
>   オ　動作化，役割演技など表現活動の工夫
>
> ---
>
> 　児童が表現する活動の方法としては，発表したり書いたりすることの
> ほかに，児童に特定の役割を与えて即興的に演技する役割演技の工夫，
> 動きや言葉を模倣して理解を深める動作化の工夫，音楽，所作，その場
> に応じた身のこなし，表情などで自分の考えを表現する工夫などがよく
> 試みられる。また，実際の場面の追体験や道徳的行為などをしてみるこ
> とも方法として考えられる。

　これによると、児童に特定の役割を与えて即興的に演技するのが役割演
技であり、動きや言葉を模倣して理解を深めるのが、動作化であると区別
していますが、私が最近参観した授業の学習指導案において「役割演技」
という言葉が書かれていても、その実態は、動作化であることも少なくな
いという実態があります。これは、学校現場の教師が役割演技と動作化の
区別をできていないためであると考えられます。教師が、子どもたちに教
材に登場する人物の役割を与えて演技をさせれば役割演技になると考えて
いる場合があるからです。

（2）学習指導要領の変遷と共に

　さて、役割演技は、ヤコブ・モレノ（Jacob L.Moreno, 1889-1974）のサイ
コドラマ（心理劇）にその源流を発していますが、サイコドラマそのもので
はありません。サイコドラマは、もともと精神療法であって、それをその
まま道徳の授業に持ち込むことは正しくありませんし、また、困難です。
　我が国において役割演技や動作化が、道徳の授業で採り入れられたのは、
昭和33（1958）年の学習指導要領改訂[2]によって、「道徳の時間」が特設さ
れた時、指導方法の一つとして「劇化」という表現で用いられたときから
です。当時の学習指導要領では、「劇化の形式としては、脚本に従って演
技するもの、脚本を用いない即興的な役割演技などがある。」と説明され
ていました。従って、学校現場においては、脚本に従って配役を決めて演

出したり、読み物資料を途中で切ったりして、そのあとを劇化して考えさせるなどの方法を採り入れる努力が試みられました。しかし、「道徳の時間」特設に反対する運動が国内各地でまだ盛んだった当時、積極的にこの指導方法に取り組む教師でさえも、劇化指導の本質的理解の不足から、ただ子どもたちに劇をやらせ、その結果について話し合うというのが実態であり、指導法の一つとして定着するまでには至らなかったというのが実態です。昭和43（1968）年の学習指導要領改訂[3]では、「劇化」を即興的な演技を中心として展開する「役割演技」と明示されました。その後も、役割演技は、学習指導要領が改訂されるたびに、小学校指導書道徳編あるいは、小学校学習指導要領解説道徳編に指導方法の一つとして採り上げられていますが、その採り上げ方の軽重には、かなり違いが見られます。そこで、学習指導要領が改訂されるたびに、役割演技がどのように扱われていたかを概観すると、役割演技が大きく採り上げられた時期と、体験活動や表現活動の一つという軽微な扱いになった時期があることがわかります。今回の学習指導要領の改訂では、道徳的行為に関する体験的な学習が有効な方法して、動作化と役割演技が大きく採り上げられました。

（3）役割演技を活用した授業実践

　我が国において、役割演技として実践された道徳の授業をもとにした著書としては、生田茂の『役割演技による道徳指導』[4]（1973）がその先駆けとなるものです。生田は、役割演技の基礎理論をふまえて、ウォーミングアップや演出の具体や、授業実践をふまえたその効果について述べています。生田は、道徳の授業において役割演技を有効活用するためには、ポーズ遊びからスタートするウォーミングアップが必要であることを指摘しています。また、演技者と観客が固定してしまう傾向を防ぐために、全員参加できる題材の工夫などについて述べています。

　月刊「道徳教育」（1991）1月号[5]では、特集として「『役割演技』を道徳授業に生かす」を採り上げていますが、小学1年から中学3年までの18

の実践事例も、ほとんどが、児童・生徒(ときには教師)が教材中の登場人物になって、葛藤場面で役割演技するものでした。

　江橋照雄は、道徳の授業における役割演技の重要性を訴えてきましたが、『授業が生きる役割演技』[6](1992)『役割演技ハンドブック』[7](1996)で、道徳の授業における役割演技の活用について、いろいろな角度から採り上げています。特に注目されるのは、役割交代の大切さで、「一人で相反する考えをもって『二人の自分』を演じさせる主人公の心の声を表現する手法です。ところが、これについては、演者一人で会話を続けるのが困難であるという課題も残りました。この考えは、一人の心の内の葛藤を二人で演じるという方法に発展していきました。言い換えれば、「道徳的価値を実現しようとする心の声役」と「道徳的価値を実現できない心の声役」の心の綱引きを二人で演じるのです。これは、例えば、教材「手品師」の手品師が、男の子の所に行くか大劇場に行くか迷う場面で、2人の手品師を演じる場合などがそれにあたります。また、江橋は、授業展開の導入・展開・終末のそれぞれの段階で役割演技を使うことが有効な事例を例示しています。

　早川裕隆は、『役割演技を道徳授業に』[8]の中で、役割演技が子どもたちの人間関係能力の育成に役立つことを述べ、低学年でも高学年でも役割演技には効果があることを実証するだけでなく、この考えをさらに発展させて、教材「手品師」で、手品師が大劇場に行ったら、その後どうなるかを手品師と男の子になって役割演技をすることを試みています。また、視点1～4までの授業実践例や、他の教科、領域との関連した事例などを紹介しています。早川は、また、演技力の評価はあってはならないことを強調しています。

　これまでの研究から、役割演技には、主として、①主人公を演じる　②主人公以外の登場人物を演じる　③一人の心の葛藤を2人で演じる3つのタイプのものがあると言えましょう。月刊「道徳教育」(2012)12月号[9]では、特集として「"役割演技"の力を問い直す！」では、役割演技を道徳の授業

で活用する上での要点や、多様な役割演技の実践事例が紹介されています。

　最近の著書としては、新学習指導要領の理念を踏まえて著された早川裕隆編著『体験的な学習「役割演技」でつくる道徳授業』[10]がありますが、授業者が適切な「監督」の役割を果たすとき、教師にも子どもたちにも感動をもたらし、効果の実感を与えるという理念のもと、その手順やポイントについて、小学校低学年から中学生までの実践事例をもとに著しています。

　さて、道徳科の誕生により、教科書が配布されることで、全国的に教育の平等性が担保できることなど、いろいろなメリットがあると同時に、家庭学習として教科書を読んで教材のストーリーを知っている子どももいることから、教材を葛藤場面の前で切って、その後の登場人物の行動を予測して役割演技するようなこれまで最もよく使われていた手法が使いにくくなるといった新たな課題も出てきました。そのような諸課題に対して、よりよい役割演技の活用方法を探る必要があります。

　また、この指導方法は、小学校低学年に向いたものであって、小学校高学年や中学生は、前に出て役割演技することを恥ずかしがるので不向きと捉えられている傾向もあります。この問題について、早川は、小学校低・中・高学年だけでなく、中学校における授業実践例を紹介して、適切な教材選定と指導があれば、役割演技で創る道徳の授業は可能であることを実証しています。

　私は、これまでの実践をもとに、『考えることが楽しくなる道徳の授業』[11]の中で、教科書が配布された際の役割演技の効果と課題を採り上げていますが、その課題を克服することを検討しています。

（4）授業展開における役割演技の位置づけ

　そこで、役割演技の基礎理論を踏まえながら、授業のどの場面で、どのように採り入れることが有効であるかを、次の4つのケースにおいて検討してみました。

① 　導入で活用する場合
② 　葛藤場面の前で切ってその後を想像して役割演技させる場合
③ 　登場人物の感動の出会いの場面で使う場合
④ 　教材に描かれていないその後の場面で活用する場合

　なお、ここにおいては、学習指導案は、役割演技という手法がまだ浸透していないことから、授業における役割演技の部分のみを詳細に表し、それ以外の部分は、発問例を示すことによって、授業の全体像がわかるようにしました。

① 　導入で活用する場合
　役割演技を導入で用いる手法については、月本策三が行った授業の追試をもとにしながらも、発問をさらに練り、他の教材へと発展させていきました。
　教材「まどガラスと魚」（5社3・4年）は、小学3年と4年で授業を行いました。キャッチボールのボールが逸れてガラスが割れる場面を役割演技しましたが、どの学級でも逃げるケースと謝るケースが出てきました。その際に大切なことは、逃げる理由と謝る理由を演者だけでなく、フロアーにも問いかけ、どちらの行動の理由にも「怒られるから」「弁償させられるから」という理由が出ることが多く、その行為とその理由を書いた板書をもとにしての子どもの気付きを大切にしました。なお、学習指導案の導入部分は次のようです。

本時のねらい：教材「まどガラスと魚」の千一郎の心の変容を考えること
　　　　　　　　を通して、自分の過ちを反省し、正直に明るい心で生活し
　　　　　　　　ようとする。

本時の展開

	学習活動と内容	主な発問と予想される反応	教師の指導と支援
導入	1. 録音された音が何か考える。	○これは何の音でしょう。 ・花瓶が落ちてこわれた音 ・ガラスが割れた音	・窓ガラスが割れた音であることを伝え、教材へとつなぐ。
	2. キャッチボールのボールがそれて、ガラスを割ったときの行動を役割演技する。	○ピッチャーとキャッチャーになって、ガラスを割った後どうするか、やってみましょう。（ガラスが割れた音は、先生がやります。）	・ピッチャーとキャッチャーになって、ガラスを割った後の行動を役割演技させ、（数組）その理由も聴くようにする。
	・行為のもとになる考えを話し合う。	○（にげる） ・怒られるとこわいから。 ・弁償させられるから。 ○（あやまる） ・悪いことをしたから。 ・逃げてつかまったら、もっと怒られるから。 ・許してもらえるから。	・「にげる」と「あやまる」に類型化して、人間誰しもが持っている弱さ（怒られるのが恐いので逃げたり謝ったりする等）に気付かせるようにする。

（展開）

「千一郎は、なぜ、逃げたのでしょう。」

「千一郎は、なぜ、遠回りをしてその家に行ったのですか。」

「千一郎は、ねこのしたことをどう思ったでしょう。」

「千一郎のしたこととねこのしたことに似ているところはないでしょうか。」

「千一郎は、なぜ、謝ろうと心が変わったのでしょう。」（中心発問）

「夕方から、翌朝までの間、千一郎はどんなことを考えていたでしょう。」

（終末）

「こんな時自分ならどうするかを考えて、千一郎・ぶんすけ・お姉さんの誰か一人を選んで、手紙を書きましょう。」

② 葛藤場面の前で教材を切って活用する場合

　教科書登場以前は、このような役割演技の活用のしかたが役割演技を使った道徳の授業の主流でした。このような方法は、子どもが教材のストーリーを読んでいなくて、人物の行動を知らない場合に有効です。教師が、教材の前半の葛藤場面の前で切って、その後の登場人物の行動を想像して役割演技する方法です。ところが、このような手法は、教師が読み物教材を分割提示したり、視聴覚教材を使って教師が教材を分割提示したりしてこそ効果的でした。ところが、教科書の登場によって、教科書は自宅に持ち帰らせることが原則であることから、家庭学習の一環として、読み物として教科書を読んでストーリーを知って授業を受ける子どもがいると、少なくとも、「この後はどうなるでしょう。」的な発問は、役割演技を活用しない場合さえも、効果が低くなります。また、今後は、教科書は通読してから発問していく方法がスタンダードになってくるでしょう。

　その一例として、教材「はしのうえのおおかみ」(8社1年)の指導を挙げましょう。この教材は、くまとの出会いによるおおかみの悪から善への変容を通して親切について考えさせることができることに高い評価を受けた大きな要因であると考えられます。以前は、子どもがストーリーを知らなければ、この教材を絵話や紙芝居的に扱って、おおかみの転機となる橋の上での二匹の行動を役割演技させることが有効でした。そのことを通して、おおかみの心の変容について発問していくことが効果的であり、これまでにもよく実践されてきました。ところが、児童が既に教材のストーリーを知っている場合には、その場面を役割演技させたつもりでも、何組やらせても、くまがおおかみを抱いて渡す動作化にしかなりません。従って、この手法は、子どもがストーリーを知らない視聴覚教材等を使った場合には有効ですが、特に、くまがおおかみを抱きかかえているイラストが描かれている教科書を使った指導においては、難しいと考えられます。しかし、「はしのうえのおおかみ」を使って、役割演技が活用できなくなったわけではありません。それは、「くまに橋を渡してもらった後、くまの背中を

見ながら、おおかみはどんなことを（心の中で）言っているでしょう。」という発問で、おおかみの役になってその想いを語らせる役割演技は可能です。それは、教材には描かれていないので、子どもが想像して語らなければならないからです。このような授業の展開部分（役割演技を活用する部分）を学習指導案に詳細に表すと、下記のようです。

本時のねらい：教材「はしのうえのおおかみ」のおおかみの変容を通して、
　　　　　　　友達どうしは、いじわるをしないで、親切にしようとする。

本時の展開
（導入）
　「えへん、へん。」は、どんな時に言う言葉ですか。」
（展開）
　「うさぎやきつねを追い返しているとき、おおかみはどんなことを思っていますか。」
　「くまを見て、あわてておじぎをしたのはなぜですか。」

	学習活動と内容	主な発問と予想される反応	教師の指導と支援
展開	4．くまの後ろ姿をながめながら、おおかみは、どんなことを考えていたか役割演技する。	○おおかみは、くまの後ろ姿をながめながら、どんなことを考えていたか言葉にしてみましょう。 ・くまさんはやさしいな。 ・いじわるするより楽しいな。 ・くまさんってかっこいいな。 ○おおかみの言葉を聴いて、どんなことを思いましたか。	・おおかみの転機に気付かせる。 ・くまにあこがれをもつおおかみの姿に気付かせる。 ・フロアーの意見を聴きながら考えを深めさせたい。

「うさぎをおろしたあと、『えへん、へん。』と言ったとき、おおかみは、
どんなことを考えていますか。」（中心発問）
「最初の『えへん、へん。』と後の『えへん、へん。』は、どこが違いますか。」
（終末）
「友達に、親切にしてもらったり、友達に親切にしたりして嬉しかった
ことは、ありませんか。発表しましょう。」

　話の続きや心の中で思っていること、言い換えれば、書かれていないと
ころを役割演技によって、いろいろな可能性があることを考えさせるのが、
役割演技の特性です。
　なお、教科書に掲載されていない教材を使う場合には、教材を葛藤場面
の前で切って、その後どうなるかを役割演技させることは可能です。その
場合、年間指導計画作成段階で、どのような教材を使うかを学校として決
めておく必要があります。

③　感動の出会いの場面で活用する場合

　道徳の授業で役割演技を活用するとき、学級の中で演者が限られる傾向
があるという課題があります。全員が演者として参加できる授業はできな
いでしょうか。教材「二わの小とり」（7社1年）において、みそさざいが
やまがらの家に行く場面を、何組かの代表児童にさせることができますが、
座席の隣同士でみそさざいとやまがらの役のどちらかを行い、全員が演者
になれる役割演技の授業を行うこともできます。

本時のねらい：教材「二わの小とり」のみそさざいの変容を通して友達と
　　　　　　　仲良くし，思いやりを持って助け合っていこうとする心を
　　　　　　　育てる。

本時の展開

（導入）

「『きてよかった。』と思ったのは、どんなところに行ったときですか。」

（どうして、そう思ったのですか。）

（展開）

「小とりたちは、なぜ、うぐいすの方へ行ったのでしょう。」

「うぐいすのほうへいったみそさざいのことをどう思いますか。」

「それでは、みそさざいと、ほかの鳥たちは、同じですか。」

「みそさざいが、ごちそうをたべても楽しくないのはなぜでしょう。」

「みそさざいが、やまがらの家に行こうとしたのは、なぜでしょう。」

	学習活動と内容	主な発問と予想される反応	教師の指導と支援
展 開	5．やまがらの家でのみそさざいとやまがらの会話を役割演技する。	○やまがらの家に行ったとき、みそさざいとやまがらは、どんなことを話し合ったでしょう。（1組目）みそさざい「誕生日、おめでとう。」やまがら「来てくれてうれしかったよ。」（2組目）みそさざい「おそくなってごめんね。」やまがら「もう、誰も来てくれないかと思っていました。」○二わの小とりの言葉を聴いて、みんなは、どんなことを思いましたか。	・みそさざいから先に話しかけるように指示する。・何組かさせてみる。・フロアーの意見を聴きながら考えを深めさせたい。

「うぐいすの家になくて、やまがらの家にあったものは何でしょう。」（中心発問）

（終末）

「みそさざいが、やまがらの家に「来てよかった」と思ったのは、なぜ
でしょう。」

　さて、この役割演技では、みそさざいとやまがらの間で交わされるであ
ろういろいろな会話が出てくると考えられますが、それによって、友情に
ついての考えを深めるところまではいかないのではないかと思われます。
むしろ、その後の発問によって、役割演技で行った会話をさらに深めてい
く必要があると思います。

④　教材に描かれていないその後の場面で活用する場合
　役割演技の最も重要な特性が即興性であるならば、教材に描かれていな
い場面を想像して演じることに最も効果が現れるのではないでしょうか。
早川編著の中の12の実践例のほとんどがこのような教材に描かれていない
その後の場面で役割演技を活用しています。これは、授業の終末段階にお
いて役割演技を活用するのとは本質的に違います。むしろ、中心発問をそ
のような教材に描かれていないその後の場面にもってくるのです。展開の
中核に役割演技とそれをもとにした話し合い活動を組み込むのです。
　教科書が登場してからは、教科書に掲載された教材が主たる教材になる
ので、教科書の教材に描かれていないその後の部分を即興的に演じること
ができる教材が多く存在するという意味で、今後このような役割演技の活
用方法が、役割演技を使った道徳の授業の主流になってくるのではないか
と考えています。そこで、試案として、教材「友のしょうぞう画」（6社5・
6年）の例をここに挙げましょう。なお、教科書によっては、子どもの名
前が、原作から変わっているものもあります。
　教材「友のしょうぞう画」は、正一からの音信が途絶えることによって、
次第に正一のことを心に掛けなくなる和也が、正一の作品とそれに添えら
れたメッセージを見て、心を動かされるところで終わっています。正一の

作品とそれに添えられたメッセージについて考えることが、この授業の中心発問になることが多いですが、和也が正一を訪ねて行って、二人の間でどんな会話が交わされたかを役割演技し、それをもとに話し合うことを授業の中心にすることも可能です。その際、お互いが相手を想う会話を交わしたり、自分の至らなさを相手に伝えたりすれば、それはより高い友情や信頼の本質につながると考えられます。

本時のねらい：教材「友のしょうぞう画」の和也の目から涙があふれた理由を考えることを通して、互いに助け合い、信頼し合って友情を深めようとする。

本時の展開
（導入）
　みなさんが、「友達っていいな」と感じるときのアンケート結果を発表します。
　みなさんは、この結果を見てどう思いましたか。
（展開）
　二人は、どんな気持ちで文通を始めようとしましたか。
　正一の手紙がこなくなって、和也は、どんなことを考えたでしょう。
　正一は、どんな思いを込めて、木版画を彫り、下の解説文を書いたのでしょう。
　和也は、この木版画や下の解説文を読んでどんなことに気が付いたでしょう。（中心発問）

	学習活動と内容	主な発問と予想される反応	教師の指導と支援
展開	6．正一を訪ねて行った和也が、正一に出会ったときの場面を役割演技する。	○「この作品展に行った後、正一を訪ねて行った和也が、正一に出会ったとき、二人はど	・正一と和也の再会を想定して、どんな会話が行われたか、役割演技を行う。（数組）

展開			
		ん な会話をしたと思いま すか。」 和也「こんにちは、元気 　　かい。」 正一「なんとか、やって 　　いるよ。それより、ど 　　うしてここに来たの。」 和也「作品展を見たから 　　だよ。」 正一「えっ、あの木版画 　　を観てくれたの。」 和也「長いこと手紙を書 　　かなくてごめん。」 正一「それは、僕も一緒 　　だよ。」（続く）	
	7．役割演技をもとにし 　て、二人の心の通い合 　いや、信頼について考 　えを深める。	○「二人は、お互いのど 　んなことを知りたかっ 　たのですか。」 （正一） ・和也が来てくれた理由 ・作品展や自分が作った 　木版画の感想 （和也） ・正一の身体の状態 ・正一の病気の具合 ・作品を作ったときの工 　夫や苦労などの想い	・フロアーも入れて、お 　互いの知りたかったこ 　とを尋ねることを通し 　て、二人の心の通い合 　いや、お互いのことを 　想っていることに気付 　かせたい。

（終末）

「友のしょうぞう画」を学んで、初めて気づいたことや考えたことを書きましょう。

このような授業が可能であるためには、役割演技を可能とする学級の耕しが必要です。次の３つのことは、必ず押さえておくべきことです。

(1)　役割演技を可能とするためには、学級の日頃の授業等において、ウォーミングアップをする必要があります。（ポーズ遊び・ジェスチャー等）

(2)　また、演技力の巧拙を問題にせず、そこに現れた行動、言葉、表情について語り合うようにすることが必要です。そのためには、それらを受容する学級の雰囲気を耕す必要があります。

(3)　教師も、一員として参加し、同時に監督(マネージメント)も行うことが大切です。また、誰を最初に指名するかで、授業の流れが変わります。

　さて、そのような意味で、役割演技は、まだ広く普及していません。その大きな要因は、市町村や各学校に役割演技の適切な監督の指導ができる指導主事や教師がいないからです。そのような意味で、役割演技を指導できる教師の育成が課題になってきます。

参考・引用文献‥‥‥‥‥‥‥‥‥‥‥‥‥‥‥‥‥‥‥‥‥‥‥‥‥‥‥‥‥‥‥
1）文部科学省編（2015）小学校学習指導要領解説　特別の教科　道徳編
2）文部省編（1958）小学校学習指導要領　文部省
3）文部省編（1968）小学校学習指導要領　文部省
4）生田茂著（1973）『役割演技による道徳指導』黎明書房
5）「道徳教育（1991）1月号5-82　明治図書
6）江橋照雄著（1992）『授業が生きる役割演技』明治図書
7）江橋照雄著（1996）『役割演技ハンドブック』明治図書
8）早川裕隆著（2004）『役割演技を道徳授業に』明治図書
9）「道徳教育（2012）12月号 4-57　明治図書
10）早川裕隆編著（2017）『体験的な学習「役割演技」でつくる道徳授業』明治図書
11）藤田善正著（2017）『考えることが楽しくなる道徳の授業』日本教育研究センター
　　34～38

6 教材「手品師」をいろいろな方法で指導すると

　これまで、述べてきたことを教材「手品師」（8社5・6年）をもとにして、教科書を使って指導した場合のよりよい指導方法について考えてみましょう。

　「手品師」ほど、賛否両論のある教材はないでしょう[1]。40年間に100編以上の論文が存在し、雑誌「道徳教育」でも、この教材を特集[2]したことがあります。

賛成論	反対論
・手品師の行動は、「惻隠の情」に通じる。 ・手品師の生き方は、自己犠牲ではなく、自己に誠実な生き方であった。 ・競争社会の中で、手品師の生き方は、それに対する「誠実さ」として評価される。 ・子どもは愛されて育つ。（作者の江橋照雄の児童観）	・手品師は、自他に対して誠実な生き方をしたとは言えない。少なくとも、友人に対して誠実ではない。 ・手品師はその日のパンに困る生活をしているのに、家に電話があるのは不自然である。 ・男の子の家を探して、男の子に事情を話したらわかってもらえるのに、手品師はその努力をしようとしない。

　しかし、例えば、手品師が、その日のパンを買うのもやっとなのに、家に電話があるのはおかしいなどと言い出したら、この教材は成り立ちません。高学年の教材として教師の評価が高いのは、誠実を貫き、惻隠の情を体現した手品師の生きざまに共感するところがあるからでしょう。これまで、教師だけが教材を知って授業をする場合は、（A案）のように、
「手品師は、男の子と大劇場のどちらを選ぶでしょう。」
という中心発問をもとにして、それぞれの理由を挙げていくような授業展開が主流でした。

●「手品師」の発問例（A案）

本時のねらい：教材「手品師」の主人公手品師の選択とその理由を考える
　　　　　　　ことを通して、誠実に生きようとする心を育てる。

（導入）

　「約束を守ることは、大切だと思いますか。それは、なぜですか。」

（展開）

　「手品師は、どんな気持ちで手品の練習をしていましたか。」

　「手品師が、男の子に手品を見せたのは、どんな気持ちがあったからで
すか。」

　「**手品師は、男の子と大劇場のどちらを選ぶでしょう。その理由はなぜ
でしょう。**」（中心発問）

　「男の子の前で手品をしながら手品師はどんなことを考えていますか。」

（終末）

　「『手品師』を読んで、感じたことを書きましょう。」

　教科書が配布されると、教材を読んだ子どもには、手品師が男の子を
選ぶことはわかっているので、大劇場を選ぶという選択は考えられませ
ん。また、その理由も、「男の子が喜ぶから」や「約束を大事にしたいから」
といった浅い反応が多くなります。また、子どもが事前に家庭で読んでき
ていたら、手品師は男の子を選択することがわかっているので、それ以後
の展開を変えていかなければ、子どもは考える意欲さえ起きにくくなりま
す。

　そこで、問題解決的学習を使ってこの授業の発問例と予想される児童の
反応を挙げると次のようになります。（なお、・は、予想される児童の反
応です。）

● 「手品師」の発問例（Ｂ案）

本時のねらい：教材「手品師」の主人公手品師が、どうすればよいかを考えることを通して、誠実に生きようとする心を育てる。

（導入）

「誠実とはどんなことですか。」

（展開）

「手品師はどのような行動をとるのが一番よいと思いますか。」（中心発問）

・大劇場に行ってから、改めて男の子の所へ行って事情を話す。（手紙を書く。）

・男の子を探して、一緒に連れて大劇場へ行く。

・大劇場はあきらめて、男の子の所で手品を見せる。

・男の子の家を探して、男の子に事情を話して、翌日は大劇場に行き、帰って来てから男の子に手品を見せる。

「いろいろな意見に共通するのはどんなことでしょう。」

・どの考えも、男の子、友人、そして自分も大切にしようと考えている。

・手品師が誠実に行動している。

（終末）

「自分にとって、『誠実に生きる』とはどういうことですか。」

　ところが、このような中心発問で授業を行うと、大劇場にも行け、男の子との約束も守る等両立する方法論を語る児童に学級全体がなびく可能性もあります。子どもの生活を扱った教材では特にそのようなことが起きやすいと考えられます。問題解決的学習の課題（生活上の問題解決に陥る）がそこにあります。

　教材「手品師」は、役割演技を採り入れて授業することができます。役割演技の部分だけを取り出すと、（Ｃ案）のようになります。

本時のねらい：教材「手品師」の主人公手品師の迷いは何かを考えること
　　　　　　を通して、誠実に生きようとする心を育てる。

● 「手品師」の発問例（C案…役割演技部分）

	学習活動と内容	主な発問と予想される反応	教師の指導と支援
展開	4．友達の電話を受けて、手品師は、どんなことを考えていたか役割演技する。	○友達の電話を受けて、手品師は、どんなことを考えていたか言葉にしてみましょう。（中心発問） ・どちらに行こうかな。 ・大劇場に行くチャンスだ。 ・男の子との約束は、どうしよう。 ・友達にどう言えばいいだろう。 ○手品師の言葉を聴いて、どんなことを思いましたか。	・手品師の迷いに気付かせる。 ・フロアーの意見を聴きながら考えを深めさせたい。

　この方法では、手品師の迷いに焦点を当てることはできます。しかし、それ以上の深いものは、役割演技だけでは出てこないでしょう。この後に、中心発問を用意することが求められます。また、高学年は、日頃から役割演技を採り入れた授業をしておくことが求められます。

　「手品師」は、主人公の手品師が悪から善に変わったり、より高い価値をつかんだりした教材ではないが故に、違った角度からの発問が求められます。それは、決断によってある行動を選択した場合の失ったものと失わなかったものの対比であります。（D案）のような展開によって、手品師が男の子との約束を守ることによって、失ったものは大きいけれども、自ら

の矜持を守ったことが浮き彫りにされます。

● 「手品師」の発問例（D案）

本時のねらい：教材「手品師」の主人公手品師が、男の子との約束を守っ
　　　　　　　たことで失わなかったものは何かを考えることを通して、
　　　　　　　誠実に生きようとする心を育てる。

（導入）

「約束を守ることはなぜ大切ですか。」（他人に対して・自分に対して）

（展開）

「手品師はどうして貧しいのですか。」

「手品師は、どうしてお金も取らずに男の子に手品を見せたのですか。」

「手品師が男の子との約束を守ることによって失ったものは何でしょ
う。」

**「手品師が男の子との約束を守ることによって失わなかったものは何で
しょう。」（中心発問）**

「男の子の前で手品をしながら手品師はどんなことを考えていますか。」

（終末）

（1案）「『手品師』を学んで、気付いたことや考えたことを書きましょう。」

（2案）「『約束』という歌を聴きましょう。」（宮沢章二作詞　中田喜直作曲）

　この発問における対比のパターンは、人が決断・選択をするような教
材には活用できます。例えば、「杉原千畝（命のビザ）」にも活用できます。
杉原千畝は、ユダヤ人にビザを発行することで、外務省の職を失いました
が、後世において人類愛の恩人として、評価されるようになりました。こ
のように人生における決断・選択を描いた教材に使うことができます。人
は、ある決断・選択をすることによって何かを得ると同時に何かを失うこ
とがあり、それは、人生の真実です。

参考・引用文献・・・

1）宇佐美寛著（1989）『「道徳」授業に何が出来るか』 10〜42 明治図書

2）明治図書編（2013） 徹底研究！資料「手品師」月刊 道徳教育 2月号 4〜53 明治図書

Ⅲ章

新たな課題へのアプローチ

1 教材のタイプによって授業の進め方を変える

　道徳科では、教科書が配布されるようになって、主としてそれをもとにした授業が進められるようになってきました。しかし、教材研究をする時間が乏しいこともあって、指導書に頼りきった授業も見られるというのが実情です。また、授業改革のスローガンである「考え、議論する道徳授業」でなければならないという考えから、教材の中にある対立する考えを採り上げて議論させればよいと考えている教師もいます。しかし、大切なことは、その教材が議論に向いている教材かどうかを見抜くことです。

　さて、教科書には、「指導のてびき」がついていて、その発問をすればよい授業ができるように思われがちですが、中には発問が抽象的で、かえって児童・生徒が答えにくいものもあります。また、教科書に掲載された教材を見ると、学習指導要領解説に準拠して、問題解決的学習や役割演技や動作化を入れなければいけないということから、いわゆる「定番教材」に無理してこれらの手法を採り入れているようなケースも見られます。

　さらに、原作が文学作品の場合、教師が道徳の教材と国語の教材の扱いの区別がつかないために、国語科と同じような授業展開と発問がされていることがあります。先ず、国語科と道徳科の違いを知ることが大切です。国語科では、作者の意図を丁寧に読み取ることが大切であり、作者がその作品を通して何を読者に伝えようとしているかを読み取ることが求められます。しかし、道徳科では教材に描かれている人物の道徳的な問題を取り扱い、それに対して自分の考えをもつことが求められます。

　道徳の教材は、およそ次の6つのタイプに大別されます。教材研究において、先ず教材を一読したときに、その教材が次のどのタイプであるかを見抜くことが大切です。教材分析の方法は、小学校の教材でも中学校の教材でも共通しますが、ここでは、小学校の教材を例にして考察していきます。

①-a　主人公が、助言者(援助者)の助けを得て、成長・変容する教材。

　このような教材は、典型的な道徳の教材とも言え、教材としての比率も高いと言えます。主人公の転機や行為のもとになる考えに着眼することが教材研究のポイントです。そこで、助言者(援助者)の存在が浮かび上がってきます。

(例)「はしのうえのおおかみ」「まどガラスと魚」「おかあさん(ブラッドレー)のせいきゅう書」「なかよしだから」「まけるものか〜野口英世〜」「ないた赤おに」「友だち屋」「ひとふみ十年」「友のしょうぞう画」

①-b　主人公が、自分の良心に目覚めて、成長・変容する教材。

　①-aとの大きな違いは、他の助言・援助ではなく、自分の良心に目覚めることですから、その目覚めに焦点を当てて中心発問をつくっていくことが大切です。

(例)「二わの小とり」「ぬれた本」「『正直』五十円分」「ブランコ乗りとピエロ」

②　人の機転によって、場の雰囲気がよい方に変化する教材。

　このような教材は、登場人物の温かい行動を支えたものの考えに着眼して、中心発問をつくるとよいと考えられます。

(例)「フィンガーボール」「決めつけないで」「バスと赤ちゃん」

③　主人公が、失敗して成長・変容したとは言えない教材、あるいは、失敗とその反省を通して、人間の弱さやある価値を考えさせるような教材。

　失敗談では、主人公の視点だけでなく、主人公以外の視点から考えさせたり、失敗の理由を考えさせたりすることも必要です。また、学年が進むにつれて、人間の弱さを乗り越え、よりよく生きようとする人間の姿に着眼するような教材もあります。

道徳の授業において、主人公は、その教材の中で自覚した（変化した）登場人物に設定されることが多いです。それは、道徳の授業教材として創られた作品の中には、主人公の変容を追うことが本時のねらいに直結することを期して創られたものがあることもその一因です。しかし、教材によっては主人公が変容を遂げていないことや、その言動が一貫していたり、失敗して変容を遂げていなかったりするものもあります。特に、小学校低学年の失敗談が描かれている教材ではそのような傾向が見られます。そのような場合、むしろ、主人公に対する考え方を拡げる必要があります。例えば、「ひつじかいのこども」を国語教材として観れば、主人公は羊飼いの男の子と考えられますが、道徳の授業においては、男の子の心を追うだけでは正直，誠実の価値にはつながらず、むしろ、だまされた村人の心の変容を追うことが、ねらいとする正直，誠実の価値に直結しやすいと考えられます。「金のおの」においても、国語教材として観れば、最初の木こりが主人公であると考えられますが、道徳の授業においては、正直にされたりだまされたりした神様の視点から考えることがねらいとする正直，誠実の価値に直結すると考えられます。

> （例）「かぼちゃのつる」「金のおの」「黄色いベンチ」「新次のしょうぎ」「目ざまし時計」「どんどん橋のできごと」「うばわれた自由」「すれちがい」「修学旅行の夜」

④　人の言動や選択が感動を与えることを主とした教材。

　人の心の美しさを描いた教材においては、その人物の行動を支えたものを考えることや、ある行動をとることによって失うものと得るもの（失わなかったもの）を考えることを通して、人間には、美しさを求める心があることに着眼して授業を構築していくことが求められます。

> （例）「ガラスの中のお月さま」「電池が切れるまで」「手品師」「杉原千畝」「青の洞門」「銀のろうそく立て」

⑤　①〜④に当てはまらない読み物教材

　　主人公が変容することはないけれども、そのよさを生かして人や集団に
　貢献したり、反対に、誤解がもとで人間関係において悩んだりするような
　教材。あるいは、主人公の努力よりもむしろ周囲の働きかけで問題がよい
　方向に向かう教材。これらの教材では、特に、一つ一つの教材に合った発
　問が求められます。そのため、パターン化しにくいところがあります。

（例）「にじがでた」「ありがとう　りょうたさん」「よわむし太郎」「く
　　　ずれ落ちたダンボール箱」「ふろしき」「ロレンゾの友達」

⑥－1　絵を見て考える教材

　　まだ、国語科で五十音を完全に学んでいない1年生の4〜5月に配置さ
　れた絵を見て考える教材や、各学年にある漫画の教材がこれに当たりま
　す。1年生の4〜5月では、教科書の絵を見て話す場合には、よい悪いだ
　けでなく、「なぜ、よいのか？悪いのか？」その理由を問うことが大切です。
　例えば、学校や公園の木に木登りしている絵を見て、
　「これは、してよいことですか。」
　と発問したら、「よい」と「悪い」の両方の意見が出てくる可能性があります。
　そこで、次に、その理由を聞いてみると、
　「よい」という理由には、「元気になるから。」「スポーツが得意になるから。」
　「のぼりぼうがうまくなるから。」といった意見が出てくるでしょうし、「悪
　い」という理由に、「落ちたらけがをするから。」「枝が折れたらあぶない
　から。」「学校の木は、観察するために植えているから。」といった意見が
　出てくると考えられます。そのような意見交換によって、より高い考えを
　つかむようにすることが大切です。

　　ただし、漫画の教材の場合、ストーリー性があるものは、読み物と考え
　た方がよいでしょう。

（例）「きをつけて」「あいさつ」「なにを　しているのかな」「がっこう
　　　にはね」

Ⅲ章

新たな課題へのアプローチ

⑥-2

　「考え、議論する道徳」「問題解決的学習」を意識して作られた読み物ではない新しいタイプの教材。ストーリーらしいものはないことが多く、個人あるいはグループで問題を見つけて話し合ったり、このような場合、自分ならどうするか考えを出し合ったりすることが求められます。

（例）「これって不公平？」「わたしのせいじゃない」

2 教材分析から発問づくりへ

　藤永芳純は、講演会の中で、読み物教材の教材分析する上で押さえておくべきポイントは、次の5点であると述べています。この5点のうち、（1）〜（4）は、教材分析の視点であり、（5）は、発問づくりの視点です。この5点を押さえることは、限られた時間の中で教材研究をしなければならない教師にとって、効果的な研究方法と言えます。ここでは、藤永が述べたことをもとにして、その具体例や私見を加筆して教材分析のポイントを述べていきましょう。

（1）主人公は誰か

　道徳的変容を遂げた人物がいれば、それが主人公です。例えば、「はしのうえのおおかみ」の場合、おおかみは、悪から善に変容しているので、主人公であると言えます。ところが、「金のおの」の場合、正直という価値を実現した最初の木こりはずっと正直であり、後の木こりは、ずっと嘘つきで、どちらも変容したとは言えません。むしろ、この教材で心が変容しているのは神様です。正直にされるとごほうびをあげたくなり、嘘をつかれるとおのを取り上げてやりたくなる神様を主人公にして、その視点から考えることで、教材のストーリーを知っているだけではわからないものが見えてくるようになります。

（2）道徳的論点（内容項目）は何か

　小学校低学年の教材では、一つの教材の中に一つの価値（内容項目）だけしか描かれていないことが多いと言えましょう。例えば、「金のおの」では、「正直，誠実」以外の内容項目は考えられません。しかし、学年が進むにつれて、一つの教材に複数の価値（内容項目）が描かれていることが多くなります。文学作品のように、もともと、道徳の教材として作られていないものほど、複数の価値（内容項目）が描かれています。従って、どの内容項目に焦点を当てて授業を行うかによって、授業展開が変わります。例えば、「青の洞門」は、了海を主人公として読めば、「希望と勇気，努力と強い意志」が浮き彫りにされ、実之助を主人公として読めば、「相互理解，寛容」が浮き彫りにされます。しかし、教材全体を読めば、「感動，畏敬の念」の教材として扱うのが適当ではないでしょうか。中心となる価値（内容項目）はしっかり押さえなければなりませんが、周辺の価値（内容項目）を全く無視したら、深みのない授業になります。また、主人公が変容する場合、前後の情報が書かれているかどうかも、押さえどころです。

（3）山場（場面・ことば・行動）はどこか

　主人公の心に変容が起きたところがあればそこが山場になります。ところが、「手品師」のような主人公の行動が一貫しているような教材では、迷ったり、葛藤したりしている場面が山場になります。また、失敗談では、失敗して主人公が泣いたり反省したりしているところが山場になります。

（4）助言者・援助者（きっかけ）は何か

　主人公の心に変容をもたらしたのは誰かを押さえておくことは大切です。前述した「はしのうえのおおかみ」の場合は、くまになります。「二わの小とり」の場合は、他者ではなく、みそさざい自身の良心の目覚めです。また、「かぼちゃのつる」では、みつばちや、ちょうちょうや子犬のようにかぼちゃに助言を与えてくれる人物はいても、主人公が助言を聞かない

場合や、「金のおの」のように、どちらの木こりにも助言者・援助者がいない教材もあります。

（5）発問（内面的資質を育てるために）

道徳科の発問は、心を問うものでなければなりませんが、「心を問う」ことは、登場人物の気持ちを問うことと同じではありません。今、道徳科の課題の一つは、場面ごとの主人公の気持ちを問う発問ばかりからの脱却です。ところで、心を問う代表的な発問は、次の二つです。

① 行動を支える心を問う発問

行動を支える心を問う発問例「○○は、なぜ、そうしたのでしょうか。」は、ほとんどの教材で活用できます。その理由は、道徳の授業は、教材に描かれた人物の行動を深く考えることが中心であるからです。登場人物の行動の理由を問うことが、その教材の価値理解につながり、特に、主人公が成長・変容する転機を問う場合には、授業のねらいにも直結するからです。

② ものや言葉に添えられている心を問う発問

ものや言葉に添えられている心を問う発問例「○○は、△△と一緒に何をもらったでしょう。」は、贈り物（プレゼント）や手紙・言葉に添えられている贈り主・書き手等の想いを理解することにつながります。ものや言葉に添えられた心を問うことが有効な教材は、「くりのみ」「ぐみの木とことり」「お母さんのせいきゅう書」「ないた赤おに」等が挙げられます。「くりのみ」や「ぐみの木と小とりでは、うさぎがきつねにあげたくりのみや、小とりがりすにあげたぐみの実のように、あげたものに添えられているうさぎや小とりの心をつかませることが、教材の本質に迫るからです。

また、失敗談では、「どうして、○○は、こんな失敗をしたのでしょう。」といった失敗の理由を問う発問や、「△△は、そんな○○のことをどう思っているでしょう。」といった他者の視点からの発問が効果的です。また、

人の「よさ」を問う教材については、「○○のよいところはどんなところ
でしょう。」「○○は、自分のよさをどう生かしていますか。」といった発
問が効果的です。

3 授業づくりの手順

　ここでは、教材分析をもとに、授業づくりをする際の手順について述べ
ていきます。
① 　教材分析をする。
　教材のタイプによって授業展開や発問は変わるので、前述したように、
先ず、教材を一読して、その教材のタイプが何であるかを特定します。

② 　一時間の授業で可能な「本時のねらい」を考える。
　これまで、学習指導要領の内容項目の文言の後に「〜する態度を育て
る。」を書き加えた学習指導案をよく見かけましたが、一時間の授業で「態
度を育てる」ことまでは難しいのではないでしょうか。なぜなら、態度
は、長年の間に集積されてきた心の構えであるからです。そこで、語尾は、
「心情を育てる。」「判断力を育てる。」「意欲を高める。」としておいた方が、
その授業を評価するときに無理がないのではないかと考えられます。また、
教材によっては、「〜に気付く。」「〜を理解する。」にとどまることもある
のではないでしょうか。令和元年にある文部科学省の研究指定校の控室で、
浅見哲也教科調査官に
「１時間の授業で態度を育てることは難しいのではないでしょうか。」と、
尋ねたことがありますが、
「確かに、１時間の授業で態度を育てることは難しいけれども、今までで
きなかったけども、今度同じような場面に出会ったら、できるようになり
たい。と思うようになったら、それを『態度を育てる』と言ってもよいの
ではないでしょうか。」

というお返事をいただいたことがあります。しかし、これは、そういう補足説明があったからこそ理解できるというものではないかと考え、釈然としない想いをしたことがあります。

③　教材分析をもとに発問づくりをする。

　その際の留意点は次のようです。

・「気持ち」という言葉をできるだけ使わないようにするが、行為の理由は積極的に問います。

・ものや言葉に添えられた心を問います。（ただし、すべての教材にあるとは限らないので、もしあれば問います。）

・もし、〜であったら　〜でなかったらを問います。（逆の場合を考えることに価値があれば問います。）

・複数の人物の立場から考えられるようにします。特に失敗談の場合は、だまされた人、忠告した人等の立場から考えられるようにします。それは、多面的・多角的なものの見方を育てることにつながります。

・本来、発問は一つ一つの教材ごとに違うものですが、同じタイプの教材には、同じような発問をすることが可能であり、また有効であることがあります。例えば、主人公が、人との出会いによって変容する場合は、その出会いに焦点を当てた発問をつくることが大切です。

④　発問構成を考える。

　発問は、ストーリーの順にすることが多いですが、前と後を比較して、その違いを問うようなこともあります。それによって、主人公の変容の姿が明らかになることもあります。

⑤　その教材（内容項目）にふさわしい導入を考える。
⑥　その教材（内容項目）にふさわしい終末を考える。

　⑤⑥については、①の教材を一読した段階で思いつくこともあります。

導入は、単なる興味づけではなく、短い中にも本時のねらいの伏線が張られていることが望ましいと考えます。また、終末はこれからどうするか無理して決意表明をさせないようなその教材に合った在り方を考えるべきです。この点については、『考えることが楽しくなる道徳の授業』[1]に詳しく書いています。

参考・引用文献‥‥‥‥‥‥‥‥‥‥‥‥‥‥‥‥‥‥‥‥‥‥‥‥‥‥‥‥‥‥‥‥‥‥‥‥‥‥
1）藤田善正（2017）『「考えることが楽しくなる道徳の授業」道徳授業が好きになる
　導入の工夫　p46〜56　無理なく子どもに返す終末 p68〜72　日本教育センター

 授業づくりの具体例

　ここでは、前節で述べたことをもとにして、低学年の教材として多くの教科書に採り上げられている「ぐみの木と小とり」をもとにして、教材分析をもとにした教材研究の例を示してみましょう。[1]

（1）具体的な教材分析のポイント

　この教材の場合、教材分析する際のポイントは、次のようになります。
①　この教材の中で道徳的に成長を遂げたのは、小とりですので、主人公は、小とりと考えることができます。なお、この教材の登場人物は擬人化されており、ぐみの木＝動きたくても動けない人　小とり＝自由に動ける人　りす＝病気の人を象徴していることも、児童は気づく必要はありませんが、指導者は押さえておきたいものです。
②　内容項目は、主として「B　親切，思いやり」です。
③　山場は、嵐の場面における小とりの選択です。嵐の中、りすの家に行くかどうか迷う場面において、自分の身の危険を顧みずにりすの家に行くことを「よいこと」として勧めてよいのかという問題があります。また、その面を強調しすぎると、中心となる内容項目は、むしろ、「A

III章

新たな課題へのアプローチ

希望と勇気，努力と強い意志」になります。

④　ぐみの木は，「嵐が去ってから行けばよい。」という方向性を示しているので，助言者と言えます。

　この教材では，小とりが病気で自分の力でえさをとれないりすのために嵐の中をえさのぐみの実を届ける行動を思いやりのあるよい行動として描かれていますが，そのような考えに基づいてこの教材を分析すれば，小とりの行動の是非は問わず，なぜ，小とりは嵐の中をりすにぐみの実を届けようとしたのかという行動の理由を考えさせたり，ぐみの実に添えられた小とりやぐみの木の思いやりの心に気付かせたりする展開が考えられます。行動の理由や，ものに添えられた心を考えることは，道徳の教材を分析するポイントの一つです。小とりは，もともとぐみの木やりすと，つながりはありません。小とりは，初めはおなかがすいているときにぐみの木にえさを食べさせてもらったお礼の気持ちで，あるいはそのことに義理を感じて，りすの家を訪問しましたが，りすに涙を流して感謝されることで，次第に自ら進んで病気のりすをお見舞いしたくなってきます。ここに，小とりの心の成長や変容が見られます。

　しかし，嵐の中をりすにえさを届けるのが本当によいことなのか，それとも，ぐみの木が言うように，嵐が去ってからえさを届けに行った方がよいのではないかという選択をこの教材の本質と考えるならば，思いやりだけでなく，「安全」や「生命の尊さ」という違った要素が加わってきます。小とりが嵐に打ち落されてしまったのでは，病気のりすにえさを届けることができないばかりでなく，小とりがけがをしたり，命を失ったりすることになりかねません。そのような場合には，「もしも，自分が小とりならば，このような場合どうするか。」を考える展開も可能になり，同じ教材を使っても，全く異なった授業展開になるでしょう。

（2）「本時のねらい」の立て方

　次に、一時間の授業で可能な「本時のねらい」について考えてみましょう。前述したように、一時間の授業で「態度を育てる」ことまでは難しいと考えますので、語尾は、「心情を育てる。」「判断力を育てる。」「意欲を高める。」としておいた方が、授業終了後、その授業を評価するときにどこまでその方向に児童の心情や判断力や意欲を高めたかを確認できるのではないでしょうか。

　このような考えに基づいて、「ぐみの木と小とり」の授業における「本時のねらい」を考えると、前者のような教材分析をもとにして、

　教材「ぐみの木と小とり」の小とりがりすに届けたぐみの実に添えられた小とりやぐみの木の心について考えることを通して、進んで人に親切にしようとする心情を育む。

　後者のような教材分析をもとにすると、

　教材「ぐみの木と小とり」において、嵐の中でりすにぐみの実を届けるかどうかの小とりの判断や行動を考えることを通して、道徳的判断力を高める。

となります。

（3）発問等への落とし込み方

　「心を問う」ことは、単に登場人物の気持ちを問うことではないという考えに基づいて、「ぐみの木と小とり」を前述したA案　心情を育むねらいの場合と、B案　判断力を高めるねらいの場合の発問例と予想される児童の反応（概略）を挙げてみましょう。発問を考える場合、予想される児童の反応を想定しておくことは、児童理解の深さともつながります。

●A案　心情を育むねらいの場合

（導入）

　「ぐみの木の実の絵（写真）を見て、感じたことを発表しましょう。」

・食べたらおいしそうだ。

・きれいな赤い実だ。

（展開）

「小とりは、なぜ、りすの様子を見に行こうと思ったのですか。」

・ぐみの木に頼まれたから。

・ぐみの実をごちそうになったから。

「りすからだいぶよくなったと聞かされたとき、小とりはどう思ったでしょう。」

・うれしかった。

・えさをもって行ってよかったと思った。

・役に立ってうれしかった。

「やみそうもない嵐の音を聞きながら、小とりはどんなことを考えたでしょう。」

・りすさんは、だいじょうぶかな。

・こんな嵐の中を行くのは危ないかな。

「りすにお礼を言われたとき、小とりはどう思ったでしょう。」

・うれしかった。

・行ってよかったなと思った。

「木になっているぐみの実（絵・写真）と小とりが運んだぐみの実（絵）は、どこがちがうでしょう。」

・小とりが運んだ方が、心がこもっている。

・木になっているだけでは、病気のりすは食べることができない。

「りすは、ぐみの実と一緒に何をもらったのでしょう。」（中心発問）

・やさしさ

・思いやり

・小とりやぐみの木の心

（終末）

「これまでに、誰かに親切にしてあげたことを書きましょう。」（書く・

発表）

・気分の悪くなった友達を保健室に連れて行ってあげた。

●B案　判断力を高めるねらいの場合

（導入）

「次のことは、親切だと言えますか。」

① 電車でおじいさんに席をゆずる。

・ほぼ全員が親切だと答える。

② 宿題を忘れてきた友達に答を教える。（なぜ、そう思うのですか。）

・困っている友だちを助けるのだから親切だと思う。

・ノートの答えを写すだけなら、力がつかないので親切と言えない。

（展開）

「小とりは、なぜ、りすの様子を見に行こうと思ったのですか。」

・ぐみの木に実を食べさせてもらったから、そのお礼に行こうと思った。

・ぐみの木に頼まれたから。

「りすが、なみだを目にいっぱいうかべているのを見たとき、小とりは
どう思ったでしょう。」

・行ってあげてよかったなあ。

・早く病気が治ってほしい。

・また、持って行ってあげたい。

「やみそうもない嵐の音を聞きながら、小とりはどんなことで迷ったで
しょう。」

・今すぐりすにぐみの実を届けようか。それとも、嵐がやんでからにし
　ようか。

**「あなたが小とりだったら、嵐の中でどうしますか。そのわけはなぜで
すか。」（中心発問）**

（届ける）

・りすは、自分でえさをとれないから。

・りすが泣いて喜んでくれたから。

（届けない）

・嵐に打ち落とされたら、えさを届けられないから。

・ぐみの木も、「嵐がやんでからにしたら。」と言っているから。

・一日ぐらいえさを食べなくても死なないから。

「今の、皆さんの意見を聞いて、自分の考えは、どれに近いですか。それは、なぜですか。」

・挙手と、自分の意見の発表

「りすは、来てくれた小とりにどう言いますか。」

・こんな嵐の中をありがとう。

・もう、これからは自分でえさをとれそうだよ。

（終末）

「『ぐみの木と小とり』を読んで初めて気づいたこと、考えたことを書きましょう。」

・書いたものを読み上げる。

　ここで挙げた導入の事例では、前者は教材への導入であり、後者は価値への導入であります。導入は、単なる興味づけではなく、短い中にも本時のねらいの伏線が張られていることが望ましいです。また、終末はこれからどうするか無理に決意表明をさせることのないよう、その教材に合った在り方を考えるべきです。

　「ぐみの木と小とり」の場合、このような問題解決的な発問が可能ですが、それはどちらを選択しても、反対の意見もある程度理解できるからこそ可能であって、すべての教材で有効であるとは言えません。

参考・引用文献……………………………………………………………………

１）藤田善正（2020）　ゼロからわかる教材分析　教材「ぐみの木と小鳥」をもとにして　月刊 道徳教育２月号　明治図書

5 扱いにくいタイプの教材と内容項目

　道徳の研究発表会や校内研修の研究授業において、いわゆる定番教材と呼ばれるようなよく採り上げられる教材と、あまり採り上げられることがない教材があります。よく採り上げられる教材には、特徴があります。視点で言えば、Ａ（主として自分自身に関すること）とＢ（主として人との関わりに関すること）、私が前述した教材のタイプで言えば、①－ａの主人公が、助言者（援助者）の助けを得て、成長・変容する教材や、①－ｂ　主人公が、自分の良心に目覚めて、成長・変容する教材です。このような教材は、主人公の心の変容を追うような発問が、道徳のスタンダードな発問として流布してきました。一方、あまり採り上げられることがない教材は、視点で言えば、Ｃの「日本の伝統文化と郷土愛」とＤの「感動、畏敬の念」や、教材のタイプで言えば、③　主人公が、失敗して成長・変容したとは言えない教材、あるいは、失敗とその反省を通して、人間の弱さやある価値を考えさせるような教材、あるいは、「読み物道徳」からの脱却のためにつくられた新型教材なども、これまでに扱ったことがないため、扱いにくい教材と考えられがちです。そこで、この節では、これらの教材の扱いについて述べていきます。

（1）失敗談の扱い

　主人公が失敗したり、失敗をもとに反省したりするタイプの教材、あるいは主人公の失敗とは言えないが、登場人物の失敗を描いた教材や主人公が終始一貫して変わらない教材等においても、主人公が成長・変容するものと同じように主人公の心の変化を追うような展開と発問がされてきた傾向が見られます。ところが、特に失敗談が描かれている教材を取り扱う場合には、主人公が成長・変容するものとは違った視点からの発問が必要ではないでしょうか。このような教材では、学習指導要領のキーワード「物事を多面的・多角的に考える」こそが、求められます。

「多面的・多角的に考える」という言葉は、学習指導要領のキーワードになっていますが、既に社会科等いろいろな教科で使われており、道徳だけに使われる用語ではありません。この言葉は、「主体的・対話的で深い学び」のうち、特に「深い学び」という言葉とも対応します。

　「多面的」と「多角的」という言葉を国語辞典的に捉えると、「広辞苑」[1]によると、

多面的……多くの方面にわたること。

多角的……多方面にわたるさま。多面的。

と、書かれており、その区別は詳らかではありません。

　柴原弘志[2]は、「多面的・多角的に考えること」を一面的な考察ではないとしながら、さらに発達的な視点を加えて、発達の段階が上がるほど、あるものや事柄がもっている多面性をみる力、ある事象を捉える時の多角的な観点というものは増すと述べています。さらに、柴原[3]は、多面的に考えるとは、道徳的価値そのものが本質的に有している特性等の考えから考えることであり、多角的に考えるとは、例えば異なる立場や時間・歴史や空間といった観点から考えると分けて捉え、物事を一面的、表層的にならない考察や、自分とは異なる感じ方・考え方の交流による考察を求めています。

　田沼茂紀[4]は、「多面的」「多角的」と言う用語を、端的に言えば、複眼的なものの見方や推論から俯瞰的に捉えることであるとしながら、大切なのは異なる視点を持つこととしています。

　私は、「多面的」とは、学習対象が様々な面をもっていること、「多角的」とは学習対象を様々な角度から考察し理解することと捉えています。そのことから、主人公の視点からだけでなく、他者の視点から教材に描かれた事象を観ることが大切であると考えています。

　上述したように、これらの言葉に多少の違いはありますが、実際の指導にあたっては、「多面的」と「多角的」は必ずしも明確に分けられるものではないため、道徳科の学習指導要領及び解説においては、「多面的・多

角的に考え」とひとくくりで説明していると考えられます。

　そこで、これまでよく使われてきて、教科書にも掲載されている小学校の道徳の教材のうち失敗談が描かれている代表的なものを採り上げることによって、その教材分析をもとに、有効な活用方法や発問を子どもの発達をふまえて述べていきます。

代表的な失敗談が描かれている道徳の教材

学　　年	小学校 第1学年及び第2学年	小学校 第3学年及び第4学年	小学校 第5学年及び第6学年
教材名	かぼちゃのつる ひつじかいのこども 金のおの	金色の魚 雨のバス停留所で 新次のしょうぎ 目ざまし時計	うばわれた自由 すれちがい 修学旅行の夜

　この表に掲載した教材の筋を概観すると、小学校1〜4学年では、人間の弱さやおろかさを描いた失敗談が描かれている教材（寓話）もありますが、学年が進むにつれて、主人公の失敗とその反省を通して、人間の弱さやある価値を深く考えさせるような作品が増えてきます。さて、これらの教材には、寓話や文学作品を道徳の教材にしたもの、子どもの生活場面を描いた道徳の授業のために作られた作品、大人が主人公の道徳の授業のために作られた作品等がありますが、その一つ一つに指導上の工夫や課題が存在します。

　服部敬一[5]は、「結末に問題のある資料をどう扱えばよいか」の中で、主人公が行った道徳的行為や判断とその結果に因果関係のないような結末に問題のある資料（教材）は、主人公の立場からの発問だけでなく、違う人物の視点からの発問が必要であることなど、一つ一つの資料（教材）に合った発問を考えることが大切であることを提唱しています。そこで、これらの教材の分析や私がこれまで参観した授業・参加した研究発表会の指導案集・インターネットに公開されている全国各地の教師が行った指導案の事例を通して各教材が内包する指導上の課題を挙げ、その指導の改善につい

て述べていきます。なお、教材分析と発問研究は車の両輪のようなものであり、教材分析をもとにして精選された発問を構成していくことが大切です。そこで、上記した代表的な失敗談を含む教材の押さえどころと、そのうち、これらの教材を扱う際の本時のねらいと発問例を述べてみましょう。

① 小学校第1学年及び第2学年(小学校低学年)
●教材「かぼちゃのつる」

　主人公一人に絞って発問する「窓口一本化」のような指導方法は、主人公が成長したり変容したりする教材では有効なこともありますが、失敗談が描かれている教材では有効ではありません。「かぼちゃのつる」は、かぼちゃが周囲の忠告を聞かないために起こる失敗談が描かれている教材(失敗した後泣いて反省はしているが)です。筋を追いかけながら場面ごとに主人公のかぼちゃの気持ちの変化を問うだけでは、国語的な読み取りの授業になって、「節度，節制」という道徳的価値の追求はできないという課題があります。主人公かぼちゃの気持ちだけ追いかけると、思い切り伸びたいんだ！⇒うるさいなあ⇒痛いようという変化はありますが、この心情の変化からは節度ある生活の大切さという価値に迫ることはできません。その改善として、失敗の理由を考えさせたり、忠告する側、即ち他者の視点(忠告する理由は違うが)から発問したりすることが、ねらいとする価値に迫るためには大切です。視点を変えて考えるような授業展開は、特に失敗談が描かれている教材や結末に問題のある教材において求められます。

本時のねらい：人の注意を聞かないでわがままをしていると、ひどい目に
　　　　　　　あっても、誰もかわいそうだと思ってくれないことがわか
　　　　　　　り、わがままな行動をしないようにする心を育てる。

「かぼちゃのつる」の発問例
(導入)

「あさがおのつるは、支えの棒を立てないとどうなると思いますか。」
（展開）
「かぼちゃはつるをのばしながら何と言っているでしょう。」
「みつばちやすいかや子犬に注意された時、かぼちゃはどう思っていましたか。」
「かぼちゃはつるが切れてしまって、どんなことに気が付きましたか。」
（中心発問）
「かぼちゃは、どうしてこんな失敗をしたのでしょう。」
「みつばちや、すいかや、子犬は、そんなかぼちゃのことをどう思っているでしょう。」（役割演技もできる）
（終末）
「わがままをしなくてよかったなあと思うことはありませんか。」

●教材「ひつじかいのこども（ひつじかいとおおかみ等）」

　原作はイソップ童話であり、この教材の主人公は男の子ですが、男の子の視点だけで考えても、節度ある生活の大切さという価値に迫ることはできないという課題があります。その改善として、むしろ、だまされた村人の視点から発問する方が、村人の行動を支える心の変容を通して、嘘の怖さや正直，誠実という価値に迫ることができます。
「村人は、『おおかみが来た。』という男の子の声を聞いたとき、最初は、どう思ったでしょう。」
「二回目は、どう思ったでしょう。」
「最後は、どう思ったでしょう。」
と順に問うことで、最初は「これは大変だ。」と思っていた村人の心が、次第に「またか。」「どうせ、また嘘だろう。」と変化していくことから、そのことを通して、嘘をつくと信用されないとか、一つ嘘をついてそれが成功するとまた嘘をつきたくなるという嘘の怖さの本質に迫ることのできる発問になるのではないでしょうか。このように、他者の視点を入れた発

問構成をすることによって、価値の本質に迫れると考えられます。これは、多面的・多角的に考えることにつながります。

本時のねらい：教材「ひつじかいの子ども」を通して、うそのこわさについて考えを深める。

「ひつじかいの子ども」の発問例

（導入）

「うそをつくことは、なぜいけないのですか。」

（展開）

「男の子は、ひつじの番の仕事のことをどう思っていますか。」

「どうして、『おおかみが来た。』と言ったのでしょう。」

「村の人が来たのを見て、男の子はどう思ったでしょう。」

「どうして、また同じうそを何度もついたのでしょう。」

「本当におおかみがきたのに、なぜ村の人は助けに来てくれなかったのでしょう。」

「村の人の考えは、どう変わっていきましたか。（最初・次・最後）」（中心発問）

「うそは、どんなところがこわいでしょう。」

（終末）

「うそ　ついちゃった」（「わたしたちのどうとく１・２年」）を聞く。

●教材「金のおの」

　これも、原作はイソップ童話であり、既に筋を知っている子どもも多いので、正直にすることは大切だというわかりきったことを再確認するだけの授業になりがちであるという課題がありました。この授業改善のために取り組んだ研究としては、服部敬一[5]や福永悠人[6]のものがあります。この教材の主人公は国語的には正直な木こりと考えられがちですが、服部は、

道徳の授業として採り上げる場合は、むしろ正直にされたりだまされたりする神様の視点からのアプローチが大切であると述べています。一貫して正直にされることで本来落としたものではない金のおのや銀のおのまで与えようとする心が芽生え、だまされることによって落とした鉄のおのまで取り上げようとする神様の心を考えることは、新たな視点を与えることができます。そのような意味では、この教材の主人公は神様であるということもできましょう。また、この教材では、正直な木こりは、正直で一貫しており変容はありません。そこで、正直な木こりと対比させる意味で友達の木こりを登場させています。福永[6]は、違った角度から正直な木こりと他の木こり（友達の木こり）のおのを落とした理由、神様の問いに対する答えを分類して考えさせることを通して、正直という価値についてのより深い理解をさせています。小学生の児童においては、低学年といえども正直は善いことであり、嘘は悪いということは、家庭における躾やそれまでの教育を通して既に知っており、その理由もそれなりに答えることができます。だからこそ、道徳の授業では違った角度からのアプローチをすることで、新たな発見をさせる必要があります。それは多面的・多角的に考えることにつながります。

本時のねらい：教材「金のおの」において、正直にされた時と、嘘をつかれた時の神様の心の動きを通して、正直にする心情を高める。

「金のおの」の発問例

（導入）

　（A案）「うそをつくのはなぜいけないのでしょう。」

　（B案）「金・銀・鉄で一番ねうちのあるのはどれでしょう。」
　　　　　「それはなぜですか。」

（展開）

　「おのを川に落としたとき、木こりはどう思ったでしょう。」

　「神様が金のおのを持って現れたとき、木こりはどう思ったでしょう。」

　「なぜ、『それはわたしのおのではありません。』と言ったのでしょう。」

　「**神様は、なぜ、木こりに金のおのや銀のおのまでくれたのでしょう。**」

　「**神様は、なぜ、友達の木こりの鉄のおのまで持ったまま沈んだのでしょう。**」（中心発問）

（終末）

　「正直にしてよかったと思うことはありませんか。」

②　小学校第3学年及び第4学年（小学校中学年）

●教材「金色の魚」

　この寓話は、ロシアの民話であり、道徳の授業としては、節度，節制の教材として使われていることが多いです。また、この話には様々な教訓が含まれています。次第に欲をつのらせていくおばあさんに視点を当てて進める授業展開が多く見られます。一つ願いが叶うごとにだんだん傲慢になっていくおばあさんの姿を通して、人間の弱さにふれるような展開がよく見られますが、それだけでは新たな発見はあまりないという課題がありました。その改善として、お礼としての願いは、どこまでなら許されるかという展開ならば、命を救ったお礼としてどこまでが許され、あるいは適当かという意味で児童の多様な考えを引き出すことができましょう。さらに、金の魚の視点に立って考えれば、おじいさんを通して伝えられるおばあさんの願いをどう受け止めるかの変化を問うことで、違った角度からおばあさんの要求を考えることができます。さらに、魚の命を救ってもお礼ももらわないおじいさんの善なる側面を押さえながらも、おばあさんの言うことを使い走りのようにそのまま金の魚に伝えるおじいさんの覚悟や判断力の欠如を問うような展開も考えられますが、その場合は、むしろ、善悪の判断，自律，自由と責任の価値について考える授業となります。いろいろな価値を含みもつ本来道徳の授業のために作られたものではない教材を活

用するときは、ねらいと共に、どの人物から何を問うかを考える必要があり、また、複数の人物から問うことが多面的・多角的に考えることにつながります。

本時のねらい：よくばりやわがままは、どこまで許されるかを考えることを通して、節度のある生活をしようとする判断力を養う。

「金色の魚」の発問例
（導入）
「何でも好きなようにしてもいい」と言われたら、どんなことをしてみたいですか。
（展開）
「おばあさんの願いは、どこまで許されると思いますか。それはなぜですか。」
「元のそまつな小屋の前で、おばあさんはどんなことを考えたのでしょう。」
「おばあさんは、どうしてこんな失敗をしたのでしょう。」（中心発問）
「おじいさんのしたことは、何も問題はないでしょうか。」
「金の魚は、おじいさんとおばあさんに対して、どう言っているでしょう。」（吹き出しにセリフを書く。）
（終末）
「何でも好きなようにしてもいい」と言われたとき、気を付けなければならないことはどんなことでしょう。」

●教材「雨のバス停留所で」
　この教材では、順番を守ることの意味や場面の状況を知的にきちんと理解させることが大切であり、それをあいまいにすると、緩んだ授業展開になるという傾向がありました。また、この教材を扱った授業では、主人公

のよし子の気持ちの変化や行動の理由を中心にして発問する事例が多く、それ故に単調な授業になりがちになる課題がありました。よし子の行動の理由を問うことによって、よし子の人間的な弱さ（人間は時としてつい人として不十分な行動や誤った態度をとることがあること）に気付かせることは必要です。その改善としては、母の行動の理由や、軒下でバスを待っていた人の立場から見て、よし子の一連の行動はどう思われていたのかなどの、主人公以外の視点からの発問によって、この教材を違った角度から見ることが可能になります。なお、その際、お母さんがいつもとちがう顔をしているのは、他のお客に悪く思われたくなかったからという理由が出てくることもあるかもしれません。小学校中学年の道徳的発達を考えると、このような人に悪く思われたくないと思って、行動を規制するという側面もあるので、教師は、一つの意見として受け止めるべきです。

本時のねらい：教材「雨のバスていりゅう所で」のよし子の行動を通して、規則を守ろうとする心情を高める。

「雨のバスていりゅう所で」の発問例

（導入）

「こんなきまりなかったらいいのになあと思うことはありますか。それは、なぜですか。」

（展開）

「なぜ、よし子はバスが来たとき、真っ先にていりゅう所に並んだのでしょう。」

「お母さんに肩を強くつかまれて、よし子はどう思ったでしょう。」

「バスに乗っても座れないことをよし子はどう感じていたでしょう。」

「いつもとちがうお母さんの横顔を見ながら、よし子はどんなことを考え始めましたか。」（中心発問）

「お母さんが強い力でよし子を後ろに引き戻したのは、なぜだと思いま

すか。」

（終末）

「最初に出てきたなかったらいいと思うきまりがなかったら、困ること
はないでしょうか。」

●教材「新次のしょうぎ」

「新次のしょうぎ」では、場面ごとに新次の心情の変化を追うような展
開がよく見られるという課題があります。その改善としては、先ず、新次
の駒を動かすという不正な行動の理由を問うことによって、勝ちたいと思
うときは、正義感が薄くなってしまうという人間の弱さをつかませること
が大切です。また、新次の涙の理由を問うことを通して、不正をして勝っ
ても後ろ暗いことがいつまでも心に残って、その発覚を恐れて、にこにこ
ふるまっても本当に明るく生きることができないことに気づかせたいもの
です。「どんどん橋のできごと」と同様、新次の涙の理由を中心発問とし
て問うことを通して、価値理解につながるという教材と言えましょう。

本時のねらい：教材「新次のしょうぎ」の新次の心の動きを通して、ゲー
ムなどで不正をして勝ったときには、うれしくないだけで
なく、むしろ後ろめたい気持ちになることに気付かせる。

「新次のしょうぎ」の発問例

（導入）

　（A案）「友達と対戦するゲームで楽しいのはどんな時でしょう。」（教材
　　　　への導入）

　（B案）「将棋の藤井聡太二冠(八段)について、どんなことを知っていま
　　　　すか。」（教材への導入）

　（C案）「正直にすることは、どうして大切なのでしょう。」（価値への導入）

Ⅲ章　新たな課題へのアプローチ

85

（展開）

「勝負が五分五分で、一人で将棋盤をにらんでいるとき、新次はどんなことを考えて　いたでしょう。」

「悪魔のささやきとそれを聞いた新次になってやってみましょう。」（役割演技）

「伊三郎おじさんに勝ったとき、新次はどう思ったでしょう。」

「佐平おじさんと将棋をしているとき、新次はどんなことを考えていたでしょう。」

「新次は泣きながら、どんなことを考えているでしょう。」（吹き出しに書く）（中心発問）

「勝負に勝ったら嬉しいのではないでしょうか。」

「もしも、伊三郎おじさんが、新次が駒を動かしていたことを知って黙っていたとしたら、どうなると思いますか。」

（終末）

「『新次のしょうぎ』を読んで、初めて気づいたことや考えたことを書きましょう。」

●教材「目ざまし時計」

　教材「目ざまし時計」は、目覚まし時計を買ってもらった当時は時間に対して厳格でも、だんだんルーズになってしまう人間としての弱さが描かれています。目ざまし時計は、自分の生活を自分でコントロールするという意味で、大人への第一歩となる道具と言えます。私の意欲を認めながらも、どうして「生活のきまり」が守れなくなってきたのかを考えさせることを通して、誰にもある人間のよさと弱さの両方を考えさせることが大切です。

本時のねらい：教材「目ざまし時計」のわたし（よし子）の弱さを考えることを通して、節度のある生活をしようとする意欲を育てる。

（導入）

（目覚まし時計の音を聞く）

「目覚まし時計をかけて起きている人は、そのきっかけは何ですか。」

「みなさんが、朝寝坊をしてしまいそうになるのは、どんなときでしょう。」

（展開）

「目覚まし時計を買ってもらった時、よし子は何がうれしかったのですか。」

「よし子が『わたしのきまり』をつくったのは、なぜでしょう。」

「なぜ、よし子は『わたしのきまり』が守りにくくなってきたのでしょう。」（中心発問）

「それならば、どんな『わたしのきまり』」を作ったらよかったと思いますか。」

「保健室のベッドで、よし子はどんなことを考えていたでしょう。」（書く）

（終末）

副教材「ぼくを動かすコントローラー」（日本文教出版　3年)を聞いて、「けんたくんを動かすコントローラーは、けんたくんがにぎっている。」というのは、どういう意味か考えましょう。」

③　小学校第5学年及び第6学年(小学校高学年)

●教材「うばわれた自由」

　どこの国とは特定できない某外国の話が多く登場するのも、小学校中学年以後の道徳の教材によく見られる特色です。ジェラール王子を主人公にし、助言者・援助者として、正義感は強いが身分の低い森の番人ガリューを登場させていますが、その助言を本気で聴かなかったことが、大きな失敗につながっており、やっと自分の失敗の原因に気付いたのは、牢の中であるという遅すぎた気付きを描いた教材です。この教材を使った授業でも、筋を追いながらジェラールの心の変化や気付きを問う展開が多いという課

題がありました。その改善として、本当の自由とは何かということを問いかけて、自分勝手や、やりたいことはやった者勝ち的な放縦との違いに気付かせることがより高い価値理解につながるように中心発問を設定することが求められます。また、高い身分に生まれ、自分を抑制することを学ばず、物心ついたときから多くの自由が与えられた者が陥りやすい問題もほのめかしているが、小学校高学年の児童にそこまでの気付きを求めても、限られた児童しか気付かないと考えられます。

本時のねらい：ジェラール王子（王）の失敗に対する自らの気付きを通して、
　　　　　　　本当の自由とはどのようなことかについての判断力を高める。

「うばわれた自由」の発問例

（導入）

　「『自由』という言葉からイメージしたことを発表しましょう。」

（展開）

　「ジェラール王子は狩りをしながら、どんなことを考えていたでしょう。」

　「このときのジェラール王子の考える自由とは、どんな自由だったのでしょう。」

　「ガリューは、なぜジェラール王子を注意したのでしょう。」

　「ガリューに注意されたとき、ジェラール王子はどう思ったでしょう。」

　「牢屋に入れられたジェラール王は、どんなことに気づいたでしょう。」
　（中心発問）

　「本当の自由とはどんなことでしょう。」

（終末）

　「今日の学習で、はじめに思っていた『自由』についての考えが変わったことはありますか。」

●教材「すれちがい」

この「すれちがい」という教材は、お互いに相手に非があると考えている心のすれちがいを描いたいわゆる「もやもや話」の教材ですが、同時に、人間関係の失敗談と言うこともできます。教科書によって描き方に違いが見られますが、どうして、このようなすれちがいが起きたのかを考えることを通して、相手の立場に立って考えることが、相互理解，寛容につながるということに気付かせたいものです。

本時のねらい：教材「すれちがい」のよし子とえり子の二人のどのような
　　　　　　　ものの見方や行動が、すれちがいにつながったのかを考え
　　　　　　　ることを通して、相互理解の大切さについて考えを深める。

「すれちがい」の発問例

（導入）

　（「□□□□□」をめくって、題名当てを行う。）

　「『すれちがい』という題名を見て、どんなことを思いつきますか。」

　「今日は、心のすれちがいについて考えます。」

（展開）

　「二人は、それぞれどんなことにはらを立てているのですか。」

　「すれちがいの原因は何ですか。」

　「二人がこの日記を交換して読んだらどうなるか考えて書きましょう。」

　（相手の気持ちを理解しようとするかどうかによって、結果が大きく違ってくることに気付かせる。）

　「このような場合、なかなか相手を許すことができないのはなぜでしょう。」（中心発問）

（終末）

　「『すれちがい』を読んで、二人に手紙を書きましょう。」

●教材「修学旅行の夜」

　この教材は、学年を問わず、実際の宿泊行事においてありがちなことであり、子どもにとっては、理解しやすい教材です。この教材においては、筋を追って、班長である「わたし」の心の動きを中心に発問構成されることが多く、自由と責任の価値に迫りにくいという課題がありました。その改善として、ねらいとする自由と責任の価値に迫るためには、むしろ、反価値的言動を行う班員の鈴木さんや石井さんの言動の理由を問うことを通して、集団行動において自由と自分勝手の違いを考えさせるような指導が求められます。「わたし」だけでなく複数の人物の視点からこの教材にアプローチすることで、異なる立場から考えることが可能になります。なお、昭和の終わりから平成の初めの一時期において、学校行事と道徳の授業のセット化がよくないといわれた時期もありました。その後、総合単元的学習や道徳の時間（道徳科）と他の教科・領域との関連を大切にするという平成20年に公示されて、新学習指導要領にも引き継がれた学習指導要領の理念をふまえると、修学旅行の前にする方が有効か、修学旅行の後にするのが有効かと問われた場合、集団行動における自由と責任の考えを深めるという観点からは、前者の方が子どもへの意識化としては有効であると考えられます。

本時のねらい：教材「修学旅行の夜」の私たちの言動について考えることを通して、自由と自分勝手の違いについて考えを深める。

「修学旅行の夜」の発問例
（導入）
　「『自由』という言葉からイメージしたことを発表しましょう。」
（展開）
　「班で決めたきまりは、どんなものだったのでしょう。」
　「班のみんなや私は、どうして、さわぎ始めたのでしょう。」

「修学旅行の夜、人に迷惑をかけないよう気を付けておしゃべりすることは、「自由」と「自分勝手」のどちらになると思いますか。」
「自由と自分勝手の違いは何でしょう。」（書く）（中心発問）
（終末）
「今日の学習で、はじめに思っていた『自由』についての考えが変わったことはありますか。」

失敗談が描かれている教材における有効な発問づくりの視点

　そこで、前節で行った小学校の10の教材分析をもとに、その発達的な特色を捉え、同時に、失敗談が描かれている教材に適用することが可能で、かつ価値の本質に迫れるような有効な発問づくりに共通する視点を探ってみました。そこで、①子どもの発達の視点から、②失敗談が描かれている教材における「主人公」の視点から考察してみました。

①　子どもの発達の視点から

　小学校低学年の教材は、反省の有無は別として、主人公とされる登場人物の欲求に一定の理解をすることは可能であっても、人間のもつ弱さがもろに表面化するところにその特徴があり、それが失敗の原因にもつながっています。「かぼちゃのつる」のかぼちゃや、「ひつじかいのこども」の男の子や、「金のおの」の友だちの木こりは、そのような人間のもつ弱さを体現した人物として描かれています。そこで、失敗の原因を問うことによってそのような弱さを浮き彫りにするような発問をすることが求められます。また、低学年といえども、他者の視点から教材に描かれた事象を問うことによって、多面的・多角的に考えることが可能となります。「かぼちゃのつる」における忠告する動物たち、「ひつじかいのこども」におけるだまされた村人たち、「金のおの」における正直にされたりだまされたりする神様は、まさにそのような他者と言えます。

　中学年になると、友達の影響を受けやすくなってくると同時に、失敗を

通して反省するようにもなってきます。特に子どもの生活を扱った「新次のしょうぎ」のような教材では、人間のもつ弱さが原因で失敗した後、主人公が涙を流すなど、反省する姿がはっきりと描かれています。それならば、むしろ、その涙の訳を問うことを通して、ずるいことをしてしまう弱さや、不正をして勝っても嬉しくないばかりか、不安などの負の感情が芽生えてくることに気づかせることが大切であり、そのような発問を中心発問にすることが効果的です。また、「金色の魚」のような寓話は、子どもが既に筋を知っていることもあるので、筋を追って人物の気持ちを問う授業展開では、新たな発見のある授業にはなりにくいでしょう。金色の魚の視点から、おばあさんやおじいさんを考えさせたりすることで、新たな発見のある授業にすることが可能になります。これも、他者の視点から教材に描かれた事象を観ることの例です。

　友達の影響を受けやすい傾向は、小学校高学年でもよく見られます。集団意識が強くなってくる小学校中・高学年では、友達によく思われたい、悪く思われたくないという意識から行動することや、周囲に流されやすい傾向もあるので、それを描いた教材も多く見られます。「修学旅行の夜」のわたしの弱さは、まさにそのようなものです。そのような弱さが失敗の原因であることに気づかせることが大切です。

　発問の視点として、多くの教材に使うことのできる発問は、①他者の視点から教材に描かれた事象を観ること　②失敗の原因を問うことの二つが挙げられます。教材によってそれぞれ有効な発問は異なってきますが、個別の教材に合致した発問だけでなく、いくつもの教材に適用することが可能な一般性をもつ発問を見出していくことが大切です。当然のことながら、行為の理由を問うことを通して、動機を考えさせることは、小学校低学年からしていくことが大切です。認知発達の立場をとるジャン・ピアジェ[7]は、語り聞かせた物語に対する子どもの道徳判断から、8歳前後を境に判断の基準が結果論から動機論に、また、他律から自律へと移行することを見出しましたが、そのような研究結果は、道徳の授業に反映させることが

可能であり、具体的には、人物の行為の理由(動機)を問うことで、可能と
なってきます。

②　失敗談が描かれている教材における「主人公」の視点から

　道徳の授業において、主人公は、その教材の中で自覚した(変化した)登
場人物に設定されることが多くみられます。それは、道徳の教材として創
られた作品の中には、主人公の変容を追うことが本時のねらいに直結する
ことを期して創られたものがあることもその一因です。しかし、教材によ
っては主人公が変容を遂げていないことや、その言動が一貫していたり、
失敗して変容を遂げていなかったりするものもあります。特に、小学校低
学年の失敗談が描かれている教材ではそのような傾向が見られます。その
ような場合、むしろ、主人公に対する考え方を拡げる必要があります。例
えば、「ひつじかいのこども」を国語教材として観れば、主人公は羊飼い
の男の子と考えられますが、道徳の授業においては、男の子の心を追うだ
けでは正直，誠実の価値にはつながらず、むしろ、だまされた村人の心の
変容を追うことが、ねらいとする正直，誠実の価値に直結しやすいと考え
られます。「金のおの」においても、国語教材として観れば、最初の木こ
りが主人公であると考えられますが、道徳の授業においては、正直にされ
たりだまされたりした神様の視点から考えることがねらいとする正直，誠
実の価値に直結すると考えられます。「金色の魚」では、ねらいによって
主人公が変わることもあります。

　道徳の教材においては、主人公は、「ぼく・わたし」のように、その教
材の筆者として登場する人物の視点で書かれたものが多くあります。また、
教材の最初から最後まで登場して、その中で成長・変容する人物を主人公
とする場合が多いだけでなく、その成長や変容を追うことがねらいに迫る
ように創られている場合もあります。これは、確かに国語教材の扱いとし
ては有力な視点です。しかし、道徳の教材では、その視点からだけではなく、
ねらいとする価値の視点からも検討する必要があります。そのとき、主人

公に対する考え方が変わってくる場合もあります。さらに、どのような教材においても主人公以外の人物の視点から問いかけることも、多面的・多角的な考えを育てることにつながります。ある教材を扱うときに、どのような発問が有効かは、その教材の特性だけでなく、子どもの発達的な視点も加味して創られ、構成されるべきです。

参考・引用文献………………………………………………………………………
1）新村出編（1991）『広辞苑』 第4版 岩波書店
2）柴原弘志著（2016）「特別の教科 道徳」の時代へ向けて『道徳教育の視座vol.6』廣済堂あかつき
3）柴原弘志著（2017）「『特別の教科 道徳』の授業づくりと評価」～主体的・対話的で・深い学び～ 日本道徳教育方法学会第23回研究発表大会 課題研究発表資料
4）田沼茂紀著（2016）「多面的・多角的」月刊 道徳教育11月号 66 明治図書
5）服部敬一著（2014）結末に問題のある資料をどう扱えばよいか 道徳教育学論集 第17号 61～74 大阪教育大学道徳教育学専修
6）福永悠人著（2015）学習指導要領の一部改正によって道徳の授業に求められるもの 日本道徳教育方法学会第21回研究発表大会 課題研究発表資料
7）ピアジェ著『子どもの道徳判断』大伴茂 訳（1957）『児童道徳判断の発達』同文書院

（2）読み物以外の新型教材の扱い

　この節で取り扱うのは、1年生の4、5月頃の絵がほとんどの教材ではなく、各学年の配当された漫画教材や、問題解決的学習をすることを意図して作られた教材の取り扱いについて述べます。

（漫画教材の場合）

　漫画教材にも、次の3通りのタイプの教材があると考えられます。

①　4コマ漫画のように、起承転結がはっきりしているもの　例：「あぶないよ」

②　ストーリーを漫画化したもの　例：「とりかえっこ」「つのがついたかいじゅう」「きまりのない国」「千羽ヅル」「星野君の二塁打」

③　テレビのアニメのストーリーをそのまま教材化したストーリー性の
　　あるもの。例：「たまちゃん、大すき」（ちびまる子ちゃん）「ぼくの
　　生まれた日」（ドラえもん）

　これらは、ストーリーが漫画で描かれていて、子どもにとってわかりや
すいというだけで、教材研究の手法としては、読み物と大きく変わるもの
ではありません。内容項目は何であるかを読み解いて、１時間の授業で可
能で、子どもにとって新たな発見があるような本時のねらいをつくり、そ
れに基づいて中心発問や基本発問をつくっておくとよいでしょう。また、
そのアニメのDVDを映しながら授業を進めることも効果的かもしれませ
ん。しかし、本時のねらいと発問は、しっかりと押さえておく必要があり
ます。

●「たまちゃん、大すき」
本時のねらい：教材「たまちゃん、大すき」のまる子の心の変容を通して、
　　　　　　　　友達と互いに理解し、信頼し、助け合おうとする意欲を高
　　　　　　　　める。

「たまちゃん、大すき」の発問例
（導入）
　「みなさんが『友達っていいな』と感じるのは、どんなときですか。」
（展開）
　「タイムカプセルとは、どんなものでしょう。」
　「まる子は、どうして、タイムカプセルを土手に投げ捨てたのでしょう。」
　「おなべの火を見ながら、まる子はどんなことに気が付いたのでしょう。」
　「まる子は、どうしてタイムカプセルを探そうと思ったのでしょう。」（中
　心発問）
　「まる子とたまちゃんが仲直りできたのは、なぜでしょう。」
（終末）

「『たまちゃん、大すき』を読んで、はじめて気付いたことや考えたことを書きましょう。」

　漫画の登場人物のある人物に焦点化して、いくつかのエピソードをもとにして、その人物のよさに目を向けさせようとする教材。例：「のび太に学ぼう」(ドラえもん)は、のび太のいくつかのエピソードから、のび太のよさに目を向けていこうとする教材です。しかし、「のび太に学ぼう」という題名を先に知らせてしまうと、子どもは、のび太から何かを学ばなければならないのかという意識ができてしまうので、教材の与え方に工夫は必要です。

(問題解決的学習をすることを意図して作られた教材の場合)
　「これって不公平？」「わたしのせいじゃない」
　これらの教材は、概要を読めばわかるように、問題場面だけが提示されている新しいタイプの教材です。4つの不公平に当たるかどうか意見が分かれそうな問題場面のケースについて、子どもたち一人一人が、自分の考えをもってグループや教室で話し合うことを期して作られた教材です。

●教材「これって不公平？」
　このような問題場面だけが提示されている教材では、これまでの教材分析の方法として紹介したやり方では、当てはまりません。むしろ、どこに問題があるかを見つけて、問題追求的発問でそれを明らかにし、問題解決的発問によって、どうすればよいかを問うという展開が基本になります。教材「これって不公平？」の場合は、次のように本時のねらいを立て、発問を工夫していくことが求められます。

本時のねらい：教材「これって不公平？」の4つの場面について、これは不公平と考えるかどうかについて自分の考えをもつ。

①～④のどの問題にも、共通してできる発問は、次のようなもので、A・Bは、問題追求的発問であり、C・D・Eは、問題解決的発問になります。

（導入）

　A「これって不公平だと思いますか。」「どうしてそう思うのですか。」

（展開）

　B「どこに問題があると思いますか。」

　C「こんなとき、あなたなら、どうしますか。」

　D「こんなとき、どうしたらよいでしょう。」

（終末）

　E「この問題は、相手のどんな想いや立場に立って考えたらよいでしょう。」

　また、このような教材を使った授業では、一人一人の子どもがどう考えるかが大切ですので、人権的な配慮は必要ですが、無理をして一つの考えにまとめようとしないことが求められます。

（3）日本の伝統文化と郷土愛

　内容項目「郷土愛，伝統文化」の教材が扱いにくいという声をよく聞きます。その理由は、一言で言えば、子どもにとって身近な道徳の教材が少ないということになるでしょう。例えば、2年生の教材「ぎおんまつり」は、「わたしたちのどうとく」にも掲載されたことから、教科書にも掲載されています。

●教材「ぎおんまつり」

　この教材は、主人公の少年（ぼく）の心の変容に焦点を当てて指導すれば、オーソドックスな（①－a　主人公が、助言者（援助者）の助けを得て、成長・変容する教材道徳の教材）と言うことができます。ところが、この教材の内容は、京都市の子ども、あるいは地域の伝統行事の祭に参加している子どもにとっては身近な教材であっても、同じ京都府でも京都市から離れた

地域では、決して身近な教材とは言えないでしょうし、ましてや他の都道府県の子どもや、とりわけ住んでいる地域に伝統行事のない新興住宅地やマンション群に住んでいる子どもにとってはどうでしょうか。そこで、「ぎおんまつり」を使って授業をする際の本時のねらいと発問例を挙げてみましょう。

本時のねらい：郷土の文化や生活に親しみをもち、進んで地域に関わっていこうとする意欲を高める。

（導入）
「自分たちが住んでいるまちの、よいところや好きなところはどんなことですか。」
（展開）
「ぼくは、どうして鉦をたたくのをやめたいとお父さんに言ったのでしょう。」
「みなさんは、何かがうまくできなくて、やる気がなくなったことはありませんか。」
「お父さんの言葉を聞いて、ぼくの考えはどう変わりましたか。」（中心発問）
「お父さんの言葉のどんなところが心に残りましたか。」
（終末）
「自分の住んでいる地域をよくするために、あなたがやってみたいことは、何ですか。」
　小学校低学年の子どもに、地域をよくするためにできることを尋ねると、地域清掃をあげるような子どもも出てくるでしょうが、それは、伝統文化とは言えなくても、認めていくことが大切です。なぜなら、ごみの不法投棄が行われているようなまちは、犯罪の温床にもなるからです。子どもたちが地域のよい伝統をつくる担い手になるような指導が大切です。

また、３年生の教材「ふるさといいとこさがし」も同じことが言えます。

●教材「ふるさといいとこさがし」

　これも、地域に教材に描かれたような産業や行事がない場合は、身近でない教材かもしれません。しかし、主人公みわの意識の変容に焦点を当てていけばよいでしょう。本時のねらいと発問例を挙げてみましょう。

本時のねらい：教材「ふるさといいとこさがし」のみわたちの調べ活動を通して、自分の地域のよさや伝統文化に対する関心を高める。

（導入）
　「もしも、自分たちの地域を紹介するならば、あなたは、どんなことが思い浮かびますか。」（これまでの社会科や総合的な学習を思い出して）
（展開）
　「この町には自慢できるものが何もないと思っていたみわは、何が嫌だったでしょう。」
　「おじいさんから『そば』の話を聞いたとき、みわたちは、何にびっくりしたのでしょう。」
　「町のいいとこ探しをすることで、みわたちの考えはどう変わってきたでしょう。」
　「おじいさんの言葉から、みわは、どんなことに気付いたでしょう。」（中心発問）
　（終末）
　「この町で、代々○○をされているＡさんのお話を聞きましょう。」

（保護者・卒業生をゲストティーチャーとして）
　このように、これらの教材を活用する場合には、自分たちが住んでいるまちのよいところや好きなところと関連付けて指導する必要があります。特に３年生は、社会科や総合的な学習の時間で、郷土学習を行いますから、

そのような学習と関連付けたり、地域行事に関わっている方をゲストティーチャーとして招き、その想いを聴いたりするなどの教育活動と関連付けて行う総合単元的学習の発想で行うことが大切です。

　また、この内容項目においては、教科書以外の教材(その地域の子どもにとって身近な郷土教材)があれば、積極的に活用すべきです。

　高学年の教材になると、国土・産業・歴史・文化などの学習を通して、有名・無形の伝統文化に対する認識も高まると考えられます。そのような教材の例としては、「人間をつくる道　剣道」等があります。子どもたちは、勝ち負けのあるスポーツは、勝つことに価値があり、そのために努力と工夫をすることは大切であることは知っています。しかし、日本の伝統的なスポーツの剣道を扱ったこの教材では、勝つことよりも尊いことがあることに気付かせることを通して、日本の伝統文化に目覚めるような指導が求められます。

● 教材「人間をつくる道　剣道」
　　本時のねらい：教材「人間をつくる道　剣道」のぼくの気付きを通して、
　　　　　　　　　　日本の伝統文化について考えを深める。

(導入)
　「なぜ、この４枚の絵は何の絵でしょう。似ている所は何でしょう。」
　「なぜ、みんな最後に“道”という字がついているのでしょう。」
(問いかけるだけ)

柔道の絵	茶道の絵	書道の絵	華道の絵

(展開)
　「ぼくは、けいこをしながらどんなことが不満でしたか。」
　「先生に叱られて、ぼくが初めて気が付いたことはどんなことでしょう。」
　「先生は、なぜこんな時にぼくを叱ったのでしょう。」

「重かった防具が、心なしか軽く感じられたのは、なぜですか。」

「剣道や4枚の絵の"道"にはどんな意味があるのでしょう。」（中心発問）
（終末）

「日本のその他の伝統文化で、いいなあと思うものはありませんか。それは、どんなところをよいと思うのですか。」

（4）感動，畏敬の念
①「感動，畏敬の念」が扱いにくい理由

　平成27（2015）年3月に告示された一部改正学習指導要領[1]では、内容項目をわかりやすく示すためにキーワードが公的に使われるようになりました。その中でも、「感動，畏敬の念」というキーワードは、学習指導要領に「道徳」が登場した昭和33（1958）年よりそれに対応する文言が見られます[2]。小学校では内容項目として「(17)美しいものや崇高なものを尊び，清らかな心を持つ。」中学校では、「(9)情操を豊かにし，文化の継承と創造に励もう。自然に親しみ，動植物を愛護し，健全な娯楽や身体に適したスポーツを選ぼう。また，古典を友とし，すぐれた文学，美術，音楽，映画，演劇などを鑑賞し，その伝統を尊び，みずからもその新しい創造に直接，間接に参加して，日々の生活を趣味あり情操豊かなものにしよう。」という文言が見られます。それが、学習指導要領改訂のたびに、文言を少しずつ変えながら、小中学校の指導の系統性を図って現在のようになっています。内容項目は、その文言が長いため、一般的な呼称例は、学習指導要領に「道徳」が登場した頃より使われており、「敬けん」や「畏敬の念」などという言葉によって表されることが多く見られました。

小学校 第1学年及び第2学年	美しいものに触れ，すがすがしい心をもつこと。
小学校 第3学年及び第4学年	美しいものや気高いものに感動する心をもつこと。

小学校 第5学年及び第6学年	美しいものや気高いものに感動する心や人間の力を超えたものに対する畏敬の念をもつこと。
中学校	美しいものや気高いものに感動する心をもち、人間の力を超えたものに対する畏敬の念を深めること。

　小学校高学年で、初めて「畏敬の念」という文言が登場しますが、「畏敬の念」という文言が道徳教育のねらいに付け加わり、それに基づいて道徳教育の内容が四つの視点に整理されたのは、平成元(1989)年の学習指導要領の改訂[3]においてです。小学校においては、視点の3「主として自然や崇高なものとのかかわりに関すること」の小学校第5学年及び第6学年の3-(3)として、「美しいものに感動する心や人間の力を超えたものに対する畏敬の念をもつ。」として登場しました。ところが、「畏敬の念」という言葉は、宗教的な雰囲気を醸し出す言葉であり、それまで一般的に使われなかった言葉であるために、教育現場になかなか浸透しませんでした。

　諸富祥彦は、「人間を超えたものへの「畏敬の念」の道徳授業　小学校」[4]の中で、「畏敬の念」こそ、あらゆる道徳的価値の中で最も重要な価値であると述べており、「畏敬の念」なしでは、ほかのあらゆる道徳的価値は、その価値の重みを失い、軽々しいものとなり、「畏敬の念」があってこそ、ほかのあらゆる道徳的価値がその価値としての重みを取り戻すことができると強調しています。また、規範意識の根底には、このような感覚が不可欠だと考えています。しかし、実際には、それが「目に見えないもの」であるがゆえに扱いづらく、現場の教師には敬遠されがちであるとも述べています。そして、「畏敬の念」をまずは子どもたちが感知するために、彼らのイメージや体感に圧倒的な迫力と魅力でもって訴えかけるような資料(教材)の開発が重要であると指摘しています。諸富の著作では、「畏敬の念」の尊さが述べられており、その考えには首肯できることもありますが、どの価値が高く、どの価値が低いかという価値の優劣については、異論もあるのではないかと考えられます。

行安茂[5]は、「生命に対する畏敬の念」を道徳の授業において指導する際に、着手すべき第一歩は資料（教材）選定であると述べています。そして人物の伝記・語りや芸術作品、私たちの生き方や在り方に深く関わるような出来事などいくつかの例を挙げていますが、共通するのは、こうした資料（教材）を通して子どもたちのうちに「畏敬の念」が「こみ上げてくる」、「自然と起こる」、あるいはその「思いに包まれる」という点を強調しています。「畏敬の念」を指導する際によい教材を選定することについては賛同しますが、同時にその教材を道徳の授業においてどのような方法で子どもに与えていくかという点については、さらに教材分析に基づいた発問研究をすることが求められます。

　さて、道徳の授業において、「感動，畏敬の念」あるいは、それと同義に使われてきた「敬けん」は、教えにくい、指導しにくいという声は、学校現場ではかなり以前からあり、この問題は、現在に至るまで解決しているとは言い難いです。

　「敬けん」はなぜ教えにくいかということについて、関甲太郎[6]は、昭和63（1988）年、自然環境に恵まれた茨城県新治郡八郷町立恋瀬小学校児童230人の調査を通して、低学年は、美しい音楽や絵画、全体をみると、美しいと感じる心が育っていない、などの特徴がみられると述べています。また、共同研究者の斎藤真弓と共に、道徳教育に取り組んでいる学校教員30名のアンケート調査を通して、「敬けん」の授業のむずかしい点についてその主なものを次の6つにまとめています。

---

① 児童ひとりひとりに、自分の身近な問題として感じさせていくことがむずかしい。
② 実際の行動に表れないので感受性の度合いがはっきりしない。そのため、授業の組み立てがむずかしい。
③ 感受性の個人差が生活環境や体験の多少などによってかなり大きい。そのため、児童ひとりひとりが感じ取ったことを他に伝えにくい。

④　日常生活の中で、美しいもの、芸術的なものに接する機会が少ない。また、指導者自身にも、指導の土台となるべき経験や体験が少ないのではないか。

⑤　この内容は、感受性の問題と深くかかわっていると考えられるが、ものごとにあまり、感動しない児童がいて、一律に扱うことがむずかしい。

⑥　勤労や友情など身近な出来事に比べて児童ひとりひとりの考え方が他に伝わりにくい。

　この調査は、調査に協力した教員の経験的なものですが、「敬けん」の授業はむずかしいとと感じる教員がかなりいます。「それにもかかわらず、「臨教審の答申を受けて、28項目が精選重点化されるが、敬けんの授業については、今までどおり行った方がよいかどうか」という問いに対し、調査に協力した全教員が、「よい」と答えているのは注目すべき点です。

　また、私は、道徳科の授業研究会の研究協議会において、参加者の教員より「感動，畏敬の念」を扱った授業について、「『今日は、よいお話を聞いた。』だけで終わってしまうことが多い。」「この教材を使って何を指導して、子どもがどのような反応をすればよい授業になるのかわからない。」「現実離れした話では、学んだことが子どもの日々の生活に戻らないのではないか。」などという声を聞くことがあり、この辺りにも、「感動，畏敬の念」を扱った教材の指導のむずかしさを感じます。

　私は、関・斎藤が挙げたこの６点や筆者が聞いた意見以外にも、この内容項目の指導のむずかしさとして、第１に、道徳教育における「善」と「美」の問題があるのではないかと考えています。日本の道徳教育の特色の一つとして、倫理学で扱う「善悪」だけでなく、美学で扱う「美」を採り上げていることが挙げられます。そこでは、善と美は両立するかという問題があり、善悪や規範意識だけでは扱えない「愛」や「情」の問題もかかわってきます。

例えば、美術の展覧会などにおいて、「美と道徳の矛盾・対立」が語られることがあります。この文脈の中における「道徳」とは、善悪につながる問題です。例えば、美的には価値があるが、道徳的には問題があるとか、逆にポスターなどで、表現は平板で新しさはないが、その作品に描かれた内容は、道徳的には価値があるといったケースです。芸術作品と呼ばれる作品の内容にはしばしば、残虐なあるいは性的な表現があります。また、戦争さえもが音楽や美術や映像においては美的に表現されることもあります。これらの表現が道徳的・倫理的な立場から「善悪」のレベルで非難される時、しばしば芸術の立場からは「表現の自由」ということが言われます。

　また、内容項目「節度, 節制」「礼儀」「規則の尊重（遵法精神, 公徳心）」「正直, 誠実」のような価値には、こうすべきだという規範があります。もちろん、動機によっては、規則を守らないことや嘘をつくことが例外的に許される場合はありましょうが、それに従って生きることが社会生活を送る上でよりよく生きることにつながることが多いです。例えば、どこの学校においても、廊下を走ってはならないという規則があるでしょうし、それをもとにして生活指導しているでしょう。それは、児童が人や物に衝突してけがをすることを防ぐことにつながっています。しかし、廊下や教室に気分が悪くなって倒れている児童がいる場合、廊下を走ってその児童を一刻も早く看護することは、当然しなければならないことであり、それは、決して規則違反としてとがめられることではありません。また、嘘をつくことは、多くの場合悪いことですが、それは人をだましたり陥れたりすることによってその人に不利益をもたらすからです。ただし、例外的に、人を守るためや、人を傷つけないための配慮として嘘をつくことは、必ずしも「悪」と言い切れないこともあります。その場合、動機が何であるかが問われます。

　また、「友情, 信頼」「家族愛」「伝統と文化の尊重, 国や郷土を愛する態度」「自然愛護」「感動, 畏敬の念」などにおける愛や情は、規範だけでは、完全に割り切れないものがあります。「友情, 信頼」が大切であることに異

Ⅲ章

新たな課題へのアプローチ

論はないでしょうが、学級の誰に対しても同じように友情を感じ、信頼することは難しいというのが現実です。しかし、その大切さに気付かせる指導は必要です。また、家族に愛されて育った児童と、家族に虐待されて育った児童が同じ家族観をもつことは難しいですが、たとえ、家族関係において恵まれないで育っても、自分が家庭を創るときにはよい家族の人間関係を育みたいという想いを高めることは必要です。

　このように、一つ一つの内容項目を掘り下げて考えると、いろいろな課題が見られます。特に、感動や畏敬の念は、そこに描かれた自然や人間の姿などを美しいと感じるかどうかによって大きく変わってくるところに指導の難しさがあります。

　第2に、これらの教材のうち、人物の行動を描いた文学作品の場合、自然科学的な視点から観ると決してありえないことが描かれているものもあり、それが、教えにくさの要因の一つになっていることもありましょう。人の心のやさしさ・美しさが星や花になったりすることは、物語としては美しくても、自然科学的にはありえない現象です。また、人間と動物が話し合ったりすることや、銅像や地蔵が話したり動いたりすることも物語であるからこそ可能なことです。なお、このような文学作品は、国語科の物語文においても扱われています。それならば、同じ教材を国語科と道徳科で扱う場合、その違いはどこにあるのかということも検討する必要がありましょう。国語科でも道徳科でも教材になっている原作が文学作品である教材をもとにして、その違いを検討する必要があります。

　また、研究方法については、多くの教科書に掲載されている内容項目「感動，畏敬の念」の代表的教材がこれまで過度に心情重視の指導をされてきたことに対して、本時のねらいは、「〜する心情を育む」としながらも、登場人物の思いを問う発問は最小限にとどめて、場面ごとの登場人物の気持ちを問うような発問（例：「このときの〇〇の気持ちはどうでしょう。」）を排しています。その代わりに、行動の理由を問う発問を積極的に加えた発問構成にし、その話し合いを通して、より高い生き方について考えを深

められるように指導の工夫・改善を図ろうとしています。国語科と道徳科の教材の扱いについては、どちらの教材にも取り上げられた「百羽のツル」をもとにして論じます。さらに、教科書に掲載されている「学習の手引き」の問題点についても触れ、指導書や「学習の手引き」だけに頼らない指導のあり方についても提言します。

② 道徳教科書に掲載された道徳の教材

　令和2（2020）年に、全国の小学生に配布された道徳教科書の「感動，畏敬の念」を扱った教材は、平成30（2018）年と比べても、どの教科書会社もこの内容項目については、変更なしか、1～2教材に変更がある程度でほとんど変わっていません。これを見ると、教科書会社が、「感動，畏敬の念」を扱ったどのような教材をどれだけ採り上げているかを通して、その会社の編集方針の一端を垣間見ることもできましょう。これらの教材を大別すると、自然の美を描いたものと、人の心の美を描いたものに分けられます。ところで、これらの教材を指導する上での留意事項は次のようにまとめることができます。

　自然の美……虹や星空や御来光（高山の頂上で見る荘厳な日の出）など美しい風景を生み出す大自然の摂理に感動し、人間の力を超えたものに畏敬の念をもつことに対して反対しなくても、それに接する体験をしたことがない子どもは、画像・映像・プラネタリウムのような疑似体験をするだけではその本当の美に気付くことは難しいのではないでしょうか。授業の導入で電子黒板に映された虹や星空を見て、その感想を述べる実践例は多く見られ、それは一定の効果をもたらすでしょうが、学校教育全体を通して実物に接する機会を設ける必要性を感じます。また、教科書には、写真などによって児童の理解を助けるようにしてありますが、教材そのものは、文章によって描かれているために、文章理解の差が教材理解の差になることもありましょう。

人の心の美……人物の美しい心や行為が花や星に昇華されることが描かれていますが、作品の中で描かれた自己犠牲を「善いこと」としてとらえてよいかという問題があります。また、伝記教材のように実話をもとにしたものと、童話等の創作された文学教材でも、指導のあり方に違いがあると考えられます。また、美は主観的なものであるが故に、教師が感動したからといって、その感動を児童に押し付けることは望ましくありません。また、教師が感動しないような教材は、よい教材と言えないという論が見られますが、これは、教師が感動しないような教材を指導するときには、指導への情熱が湧きにくいというレベルの問題と言えます。また、教材の中で起きる奇跡は、自然科学的に正しいとは言い難い場合もありますが、何よりも教材に描かれた人物の行為を模倣せよというような指導は、避けるべきです。さらに、「感動，畏敬の念」のように最終的には心情面でとらえるしかない部分のある内容項目において、論理的思考を育成する授業は、どこまで可能かという問題もありますので、この問題については、具体的な教材を通して論究していきます。

③　代表的教材を使った道徳科授業とその留意点
　そこで、教科書に掲載されている道徳の教材のうち、人の心の美を描いたもので、３社以上の教科書会社が採り上げている５つの教材について、その教材を指導する上での押さえどころや、問題点がある場合、それを克服する発問を含む指導のあり方について、論述していきます。

●教材「七つの星（ひしゃくぼし・七つぼし）」……８社掲載
　「七つの星」は、教科書によって題名の違いはありますが、どれもレフ・トルストイ原作の童話をもとにして教材化しています。文部省の「道徳の指導資料Ⅱ−１−12」で登場して以来、多くの教科書・副読本に掲載されてきました。ところで、この教材に描かれた奇跡の理由を考えさせるような発問をすると、女の子の心の美しさに神様が応えたといった超人的な

ことが出てくることが考えられます。とりわけ、宗教に関わっている家庭で育った子どもほど、そのような考え方をする傾向がありましょうが、道徳の授業を通して、そのようなことをすべての児童に求めるべきでしょうか。たとえ宗教的な情操を育てることは、公立学校でも一定認められるとしても、このようなアプローチを中心に授業展開をするという考えには課題があります。先ず、この教材を通して何を学ぶかを考え、次に、この教材を使った道徳の授業のねらいを、どうするかを考える必要がありましょう。川本サエ子[7]は、この教材を使った授業にあたって、次のようなことを重視しています。

　——こうした女の子の清らかにも美しい心情や行為にあこがれを持たせることは、人間の奥底にある清らかなものを、ゆさぶりめざめさせることになる。私たちは、常は、世俗にまみれ汚れてはいるけれど、人間である限り、崇高なもの清らかなものにあこがれる心を持っている。ただ、毎日が世俗的であるゆえに、自己の持つ清らかさを忘れているのである。この話は、現在の現実的・利己的な考えの子どもたちにとっては、あまりにも美しすぎ、理想主義的であるかもしれない。しかし、こうした清らかにも美しい物語を読み、主人公の行為に感動させることによって、美しいものや崇高なものを尊び、みずからも清らかな心を持つ人間として成長させたいと願うものである。——

　また、渡邉達生[8]は、女の子のやさしさを授業のねらいに向かって掘り下げることの大切さを強調し、やさしさのレベルの深さを例示することで、困っている人に尽くしたいという女の子のやさしさが美しさにつながることをわからせようとしています。さらに、この教材を読んで感じた時の気持ちが「すがすがしい気持ち」であることを押さえることや、他の読み物との共通点を見つめさせたり、生活の中において、人のために尽くしたりすることの具体として「家族の看病」などと結び付けて考えさせることの大切さを述べています。

　そこで、本時のねらいを次のようにすることで、女の子の心の美しさを

感じる心情を育てることに焦点を当てた授業展開が可能となるでしょう。また、女の子が、苦しんでいる人物に水を与えるという行動の理由を考えさせることは、行動を支える心を把握するために必要であり、この教材のより深い理解につながります。しかし、女の子の行為を模倣したりするようなことを求めてはなりません。

本時のねらい：教材「七つの星」を通して、美しいものや気高いものに接し、清らかな心を持とうとする心情を育てる。

主な発問例

（導入）

　（電子黒板に映された北斗七星の画像を見て）「どんなことを感じましたか。」

（展開）

　「女の子は、なぜ水をさがしに出掛けたのでしょう。」

　「『その水を、わたしに飲ませてくれないか。』と旅人に言われた女の子は、どんなことを考えたのでしょう。」

　「女の子が旅人に水を差し出したのはなぜでしょう。」

　「どうしてひしゃくの色が変わったり、星が輝いたりしたと思いますか。」

　「この話の中であなたが一番美しいと思ったことは何でしょう。それは、なぜですか。」（中心発問）

（終末）

　「女の子に手紙を書きましょう。」

●教材「しあわせの王子（幸福の王子）」……6社掲載

　「しあわせの王子」は、オスカー・ワイルド原作の子ども向けの短編小説であり、文部省の「小学校道徳の指導資料Ⅱ－2－15」として採り上げられて以来、改作されたものが教科書（副読本）に登場しました。この教材

における王子やツバメの行為を模倣させようという授業をする教師はいないでしょうが、この教材を扱う場合、二つの山場があり、そのどちらを重視するかで授業はかなり違ったものになると考えられます。一つは、ツバメが王子のもとにいようと決心するまでのツバメの変容を中心に考える展開であり、もう一つは、天使が神様の使いで町に降りて行って美しいものを探すところです。前者を中心にするならば、本時のねらいは、「ツバメが王子のもとにいようと決心した理由を考えることを通して、自分よりも相手のことを思う心の美しさを感じる心を育てる。」となるでしょうし、後者を中心にするならば、「王子やツバメの行為の中に美しさを見出し、清らかさに憧れる心情を育てる。」になるでしょう。しかし、前者であるならば、この教材の全体像をつかむことができないと考え、後者を中心にした展開を考えました。なお、この教材は、荻原隆[9]のように、これまで「なぜ」「どうして」という判断を問うようなものは望ましくなく、登場人物の心情をくみ出すような展開が望ましいとされてくることが多い傾向がありました。しかし、王子やツバメがそのような行為をした理由や、王子やツバメ自身の変容を考えさせることを通して、王子やツバメの心の美しさにふれると同時に、道徳的判断力を育成することも可能になると考えます。

本時のねらい：教材「しあわせの王子」を通して、王子やツバメの行為の
　　　　　　　中に美しさを見出し、清らかさに憧れる心情を育てる。

主な発問例

（導入）

　「みなさんが、幸せだなあと感じるのはどんな時でしょう。」

（展開）

　「ツバメは、最初なぜ王子のお手伝いをしようと思ったのですか。」

　「ツバメは、手伝っているうちに考えがどのように変わってきましたか。」

　「王子は、本当のしあわせとはどういうものだと気付きましたか。」

「神様が言った「尊いもの」とは、どんなものだと思いますか。」

「天使は、なぜ王子とツバメを天国に連れて行ったのでしょう。」（中心発問）

（終末）

「自分のことよりも、相手のことを考えて行動したことはありますか。」

●教材「百羽のツル（百羽のつる）」……3社掲載

「百羽のツル」は、花岡大学作の児童文学で、古くより国語の教科書（学校図書3年生）として登場しています。当然のことながら、国語の授業と道徳の授業では、教科としてのねらいが違いますし、数時間の単元構成で指導される国語科と、原則として1時間1主題の道徳では、たとえ同じ教材を使ったとしても、同じ授業展開にはなりません。国語科でこの教材を扱う場合は、作者が何を伝えようとしているかに焦点を当てて授業を構築することが求められます。また、この教材を道徳の教材とする場合、子どものツルの想いと、九十九羽のツルの想いと道徳的行動の両面からアプローチすることが求められます。その中で、お互いが仲間を想って行動する心の気高さや美しさに感動し、それを大切にしようとする心情を育てることが本時のねらいになります。この教材は、小学校3・4年生の教科書に掲載されていますが、この時期の子どもは、遊び仲間集団を形成して、グループで行動する傾向がみられるので、仲間のために自分を抑えようとする子どものツルや、それを放っておけない仲間を思って行動する九十九羽のツルの心の気高さに着眼させると共に、九十九羽のツルがそのような行動をとった理由を考えさせることを通して、この教材のより深い理解につながり、道徳的心情を育むことが望まれます。ただ、自然界に生きているツルは、集団で渡りをすることはあっても、網をつくって仲間を救うような集団行動をとることはないので、この教材は、あくまでも擬人化したものであることを教師はふまえて指導に当たる必要があります。

本時のねらい：教材「百羽のツル」のツルたちの行為を通して、その中に

相手を想う心の美しさを見出し、清らかさに憧れる心情を
育てる。

主な発問例

（導入）

「ツルという鳥について知っていることを発表しましょう。」

（展開）

「百羽のツルたちは、飛びながらどんなことを考えていましたか。」

「みんなについていこうとして、死にものぐるいで飛んでいる子どもの
ツルは、どんなことを想っていたでしょう。」

「羽が動かなくなって、黙って下へ落ちながら、子どものツルはどんな
ことを想っていたでしょう。」

**「九十九羽のツルは、どうして子どものツルを助けようとしたのでしょ
う。」（中心発問）**

（終末）

「九十九羽のツルと子どものツルにお手紙を書きましょう。」

● **教材「花さき山」**……8社掲載

斉藤隆介原作の「花さき山」のうち、道徳の教材となっているのは、そ
の一部分です。八郎潟誕生の逸話まで入れると、子どもの生きざまとはか
け離れた大きな自己犠牲の話となります。なお、文学作品では、愛と自己
犠牲を主題として描かれたものが多くあり、国語科では、それを読み解く
ことが学習のねらいになっていることもありますが、道徳科においては、
自己犠牲こそが尊いのだと感じさせるような取り扱いをしないことが求め
られます。この教材では、時代も違えば、日常生活のレベルからは遠い価
値を扱っています。また、つらいことを辛抱することや自分のことより人
のことを思うことを「花」に象徴していますが、例えば、「あや」が祭り
着を妹の「そよ」に譲ったことを「善」として取り扱ってよいでしょうか。
あくまでも、それを美しい心が生んだ行動としてとらえさせる必要があり

ます。「あや」の辛抱する心に、涙してもよいでしょうが、わざわざ発問する必要はないにせよ、「そよ」が、大きくなってそのことを知ったとき、自分はそのとき祭り着をもらってもよかったのだろうかなどと、教材をふまえながらも、そこに書かれていないことを想像してもよいはずです。小宮健[10]は、「花さき山の花は、どうして咲くのか。」と言う発問からは、どうしても子どもの主体性が発揮しにくいと考え、「どんなことなら、花さき山の花がさくと思うか。」と問うことを提言しています。しかし、この発問は、自己犠牲を伴う事例の中にあるやさしさや美しさを引き出すことは可能でしょうが、発問の難しさから、発問の意味を理解できない子どもが出てくることを危惧します。「どんなことをしたら、花さき山の花がさくと思うか。」といった考えやすい発問を工夫すべきでしょう。

　ところで、児童の日常生活のレベルに戻すと、いろいろなレベルの親切ややさしい行為が出てくると考えられます。それらを美しい心から発した行動と認めていくことが、自己肯定感（自尊感情）を育むことにつながります。そこで、花はどのようなときに咲くのかを考えることを通して、花に象徴された人の心の美しさに気付かせ、自分や自分の周りにある「花」を探すような授業展開が効果的です。

本時のねらい：教材「花さき山」の「やさしいことをすれば花が咲く」ということについて考えることを通して、自分たちの身の回りにある「花」を見つける意欲を高める。

主な発問例
（導入）
　「教材「花さき山」のさし絵を見て、気づいたことを発表しましょう。」
（展開）
　「赤い花が咲いたのはどうしてでしょうか。」
　「青い花が咲いたのはどうしてでしょうか。」

「双子のお兄さんがあやよりすごいなと思うことは何だと思いますか。」

「花は、どんなことをしたときに咲くのでしょうか。」（中心発問）

（終末）

「（美しい行いをした時に花は咲くことを確認した上で）自分たちの周りにある『花』を探して、花の絵に言葉を書いて、木に貼りましょう。」

●教材「青の洞門」……5社掲載

　この教材は、菊池寛原作の「恩讐の彼方に」を文部省が道徳の教材化（小学校道徳の指導資料Ⅲ－6－1）したものです。この教材は、了海を主人公にして考えると、キーワード「希望と勇気，克己と強い意志」の教材として取り扱うこともでき、実之助を主人公にして考えると、キーワード「相互理解，寛容」の教材として扱うこともできましょうが、この教材の全体像を考えるとき、人間の愛、献身、努力などのひたむきさに感動する心を育てることを中心に授業を組み立てることが大切であると考えます。人間には人間を感動させる美しい心を持っており、「美しい心」とは、一つの目標に向かってひたむきに努力を続ける想いや、人の幸せを願う心です。また、憎しみをも赦す心も「美しい心」の現れです。この教材の学習を通して、人の行為の中にある気高さや崇高さを感じ取らせ、人の中にある美しさを尊ぶ心情を育てたいと考えます。塚本充[11]は、「本当に禅海（了海）は罪の償いのために掘り続けたのだろうか。」といった切り返しの補助発問によって、単なる罪滅ぼしではなく、人間尊重の精神に根ざした気高く清く生きようとした禅海（了海）の心に着目する子どもも出てくるであろうと述べていますが、このような補助発問は、児童の発言をそのまま受容するだけでなく、より深めるために必要であると考えます。このように、この教材では、了海と実之助の心情の変化を問うだけでは不十分であり、特に了海と実之助の行動の理由を問うことが、その深い理解につながると考えられます。

　これまでの授業では、実之助の心の変容を追うことが中心になりがちで、

それ故に了海が村人のために長年穴を掘っているから許したといった浅い理解に留まっている傾向が見られましたが、それと共に、了海は洞門が貫通しても自分の罪は許されるものではないと考えるような人間であったからこそ、実之助は親の仇を許そうという考えに変容したことを押さえておきたいものです。

本時のねらい：教材「青の洞門」の了海と実之助の行動とそれを支えた心を考えることを通して、美しいものに感動する心や人間の力を超えたものに対する畏敬の念をもつ。

主な発問例

（導入）

「現在の「青の洞門」の写真を見て、見つけたこと、気づいたことを発表しましょう。」

（展開）

「了海は、なぜ穴を掘ろうとしたのでしょう。」

「初めは寄りつかなかった村人たちが、なぜ了海を手助けするようになったのでしょう。」

「実之助は、はじめ、了海に対して、どんなことを思っていましたか。」

「真夜中、かたきを目前にした実之助は、なぜ洞門の工事を手伝ったのでしょうか。」

「洞門が完成したとき、実之介はどうして了海の手を握ったのでしょう。」
（中心発問）

「了海は、洞門が完成したら、自分の罪は消えたと思っていたでしょうか。」

（終末）

「『青の洞門』を学んで、初めて気付いたことや考えたことを書きましょう。」

④「学習の手引き」に掲載された発問の問題点とその克服

　ところで、教科書の教材文の前後に掲載されている「学習の手引き」に該当する「考えてみよう」とか「見つめよう・生かそう」あるいは、キャラクターのイラストに語らせている発問例等を見ると、主人公の気持ちを問うものや、価値そのものを問うようなものが多く見られます。この中には、教師の発問づくりのヒントになる場合もありますが、反対に教師の創意工夫を妨げたり、その学年の子どもにとって難しい発問になったりする場合もあると考えられます。また、「感動，畏敬の念」に限らず、道徳の教科化に対しては、「一定の価値観や規範意識の押しつけにつながることが危惧される」といった反対意見もあります。

　そこで、令和2（2020）年より使われる教科書会社8社が全部採り上げている「七つの星（別の題名も含む）」と「花さき山」の手引き（学校図書のように教科書に手引きがない場合は、別冊のノートに記載したもの）に書かれている発問のヒントにつながるものを一覧にしてみると、次の表のようです。なお、ここでは、家庭学習の課題として提示した発問例は省略しています。

教材「七つの星（別の題名も含む）」に記載された学習の手引き

教科書会社（略称）	「学習の手引き」に掲載された発問例
東京書籍 （東書）	・うつくしいものを見てさわやかな気もちになったことはありますか。
学校図書 （学図）	・木のひしゃくがぎんや金になったり、とび出たダイヤモンドが七つの星になってかがやいたりしたのはなぜでしょうか。 ・うつくしいな、すてきだなと心をうごかされたことを思い出してみましょう。
教育出版 （教出）	・うつくしいとかんじるものはあるかな。 ・ひしゃくを年よりにわたしたとき、女の子はどのよ

	うな気もちだったでしょう。 ・ひしゃくがかわっていったのはどうしてでしょう。 ・うつくしいこころとは、どんなこころでしょう。
光村図書出版 (光村)	・このおはなしでは、どんなふしぎなことがおこった 　でしょう。 ・このおはなしのなかで、うつくしいこころだなとお 　もうところはどこですか。それは、どうしてそうお 　もいましたか。 ・うつくしいこころだとおもったおはなしをよんだこ 　とはありますか。それはどんなおはなしですか　。
日本文教出版 (日文)	・七つ星(北斗七星)を見たことがありますか。 ・なぜ、ひしゃくは木からぎん、金へとかわり、そこ 　からダイヤモンドがとび出してきたのかな。 ・自分の心の中にあるダイヤモンドをさがしてみよう。
光文書院 (光文)	・どんなときに、人の心がうつくしいなとおもいまし 　たか。 ・どんなひとのこころがうつくしいとおもいますか。 　かんがえてまとめましょう。
学研教育みらい (学研)	・ひしゃくが、ぎんや金にかわったのはなぜでしょう。 ・うつくしいものをさがして、ともだちにおしえてあ 　げよう。
廣済堂あかつき (廣あかつき)	・このおはなしでどんなことをかんじましたか。 ・「うつくしいな」「すてきだな」とおもったことはあ 　りますか。

教材「花さき山」に記載された学習の手引き

教科書会社(略称)	「学習の手引き」に掲載された発問例
東京書籍 (東書)	・花さき山にさく一面の花を見て、あやはどんなこと 　を思ったでしょうか。 ・人の心の美しさを感じたことはありますか。それは、 　どんなことですか。

学校図書 (学図)	・「花さき山で、おらの花がさいているな。」と思うあやは、どんな気持ちでいるのでしょう。 ・「美しい心」とはどんな心でしょうか。
教育出版 (教出)	・「美しいな。」と感じたことはある？ ・どんなときに何を見てそう思ったかな。 ・自分がさかせた花やあんちゃんの涙を見て、あやはどう思ったでしょう。 ・たくさんの花を見たあやは、どんなことを考えたでしょう。 ・あやは、どんなことをしたときに、花さき山に自分の花が咲いていると感じるのでしょう。 ・お話ではたくさんの人々が花をさかせましたが、この学校やクラスや家で自分がさかせた花があったらしょうかいしましょう。
光村図書出版 (光村)	・花さき山って、どんな山なんだろう。 ・「おっかあ、おらはいらねえから、そよさ買ってやれ。」と言ったとき、あやは、どんな気持ちだったでしょう。 ・「この赤い花は、どんな祭り着の花もようよりも、きれいだべ。」と言われて、あやはどんなことを思ったでしょう。 ・この話を読んで、どんなところに心を動かされましたか。
日本文教出版 (日文)	・「花さき山」を知っていますか。 ・花さき山に花が咲く理由を聞いたあやは、どんなことを考えたかな。 ・人の心の中にあるすばらしいものや美しいものって、どんなものだろう。
光文書院 (光文)	・「心がうつくしい」とは、どのようなことでしょうか。 ・「心がうつくしい」とは、どのようなことか、考えたことをまとめましょう。 ・花さき山の花をさかせられそうな人をさがして、しょうかいしあいましょう。

学研教育みらい （学研）	・「おまえがきのうさかせた花だ。」と言われて、あやはどんな気持ちになったでしょう。
	・「自分の花」をさがしてみよう。「あのとき自分の花を咲かせたのではないか」と思うことはあるかな。
廣済堂あかつき （廣あかつき）	・物語のどんなところが心に残りましたか。
	・あやは、どんなときに（今花さき山で、おらの花がさいてるな）と思うのでしょう。
	・花さき山の花が美しいのはどうしてでしょう。
	・あなたが「美しい」と感じる心は、どのような心ですか。

　これらの「学習の手引き」は、道徳が教科化される以前の副読本から存在し、道徳の授業に不慣れな教師の「発問の手引き」にもなっています。また、今回の改訂で、半数以上の教科書は、「学習の手引き」の文言を変えています。子どもにとって身近に感じるように、より発問に近い言葉を使って書いているものもあります。しかし、例えば『「美しい心」とはどんな心でしょう。』のように、抽象的な発問があるばかりではなく、導入でこの発問をすれば、多様な意見が出てくる可能性もありますが、かえって、それを問うことで当該の教材から離れていき、その教材はなくてもよいということになりかねません。また、抽象的すぎる発問のため、「わからない。」と答える子どもが出てくる可能性もあります。また、「物語のどんなところが心に残りましたか。」という発問は、国語の第一次感想と同じです。そのような発問によって、授業が焦点化しにくくなってくることもあります。

　そのようなこともふまえて、多くの教科書に教材として採択されているこれまでに実践例がかなりある代表的教材を使って、その教材の特質に合った発問づくりをしましたが、本時のねらいが、心情を高めることであっても、場面における主人公の気持ちを問う発問を排しました。それは、道徳の授業改革理念の一つである気持ちばかり問う道徳の授業からの脱却と

いうこともありますが、読んだだけではわからないことが多く、どのようにでも考えられるからです。一方、人物の行動の理由を問う発問を加えました。これによって、思考力や判断のもとになる考えを高める道徳の授業をめざしました。

⑤　まとめ

　国語科教材にも、物語教材（文学教材）として、愛や自己犠牲を主題にした作品は数多く登場しますが、国語科の教材が、その教材を学習した子どもの行動を規制することはありません。道徳科の授業では、あくまでもある内容項目に描かれた価値について考えを深める学習ですが、たとえそれが美しい行いであるからと言って、その教材に描かれた行為を即実践することを勧めたり、強いたりする授業であってはなりません。

　これまで、内容項目「感動，畏敬の念」を扱った授業は、場面ごとに登場人物の気持ちを追って感動を高めるような授業展開が多くみられましたが、このような展開では、児童にとっては、感動的なよい話を聞いたというところで留まってしまいがちでありました。

　さて、「感動，畏敬の念」のような、最終的には心情面でとらえるしかない部分のある内容項目において、なぜそのような行動をとったのかという行動の理由を問う発問を通して、行動のもとになる動機を考え、ひいては判断力を高めることが可能であると考えました。そのため、場面ごとの登場人物の気持ちを問う発問はせず、登場人物の思いを問う発問を少なくする代わりに、行動の理由を問う発問を多く採り入れました。しかし、行動の理由を問う発問だけで、教材の理解が完全になるわけではありません。あくまでも、心情的理解を補完するためです。また、行動の理由を問うだけでなく、その話し合いを通して、より高い生き方について考えを深められるように指導の工夫・改善を図ろうとしています。

　なお、現行の道徳教科書には、多かれ少なかれ、「学習の手引き」が掲載されています。これは、他教科の教科書にも見られることですが、これ

に支配されて、教師が発問の創意工夫をしなくなれば、それは、かえってよくないことです。教師は、教材分析とそれをもとにした発問の創意工夫によって、教材をより豊かなものにして、子どもに与える努力をすることが求められます。

参考・引用文献……………………………………………………………………………

1）文部科学省（2015）一部改正学習指導要領　文部科学省　平成27年
2）文部省（1958）学習指導要領「道徳」文部省　昭和33年
3）文部省（1989）学習指導要領「道徳」文部省　平成元年
4）諸冨祥彦（2007）『人間を超えたものへの「畏敬の念」の道徳授業　小学校』明治図書
5）行安茂（2012）「生命に対する畏敬の念をどう指導するか―他の諸価値との関連をどう考えるか―」行安茂・廣川正昭編著『戦後道徳教育を築いた人々と21世紀の課題』教育出版、p314～324
6）関甲太郎（1988）「敬けん」はなぜ教えにくいか　月刊「道徳教育」明治図書　8月号　p5～11
7）川本サエ子（1977）井沢純・桜井芳平編著　『道徳学習における人間性の追求　1.名作編』明治図書　p80～87
8）渡邉達生（1990）授業の本質に迫れなかったことはないか「ひしゃくぼし」『失敗の事例に学ぶ道徳の授業』〈1・2年〉新宮弘識・渡辺達生編　国土社　p141～149
9）荻原隆（1990）話し合いがうわべだけで、深まらなかったことはないか「しあわせの王子」『失敗の事例に学ぶ道徳の授業』〈1・2年〉新宮弘識・渡辺達生編　国土社　p150～155
10）小宮健（1990）子どもが資料の観念的な理解にとどまったことはないか　「花さき山」『失敗の事例に学ぶ道徳の授業』〈3・4年〉新宮弘識・渡辺達生編　国土社　p126～131
11）塚本充（1990）ねらいからはずれた反応を示したことはないか「青のどう門」『失敗の事例に学ぶ道徳の授業』〈5・6年〉新宮弘識・渡辺達生編　国土社　p126～131

Ⅳ章

道徳教材十八番の発問例

「歌舞伎十八番」という歌舞伎ファンなら誰もが知っている名作があります。『助六』、『勧進帳』・・・これらは長い歴史を経て現代も上演されてきたものですから、そこには観客の心を引きつける何かがあります。翻って考えると、道徳の教材にもこれに匹敵するような長年にわたって実践され、定評のある定番教材と呼ばれるものがあります。確かに、教材の中には時代の変化と共に色あせるようなものもありますが、不易の価値を持つものは、これからも生き残って新たな命の息吹を子ども達に伝えることでしょう。もちろん、時代が求めているような道徳的課題を取り扱った道徳教育（環境教育・国際理解教育・情報教育などと接点をもった道徳資料）も大切です。また、「いじめ」の予防を意図して作られた教材もあります。私もおりにふれて、そのような教材を使った授業をしてきました。

　東京学芸大学[1]では、全国の教師対象に、指導上効果のある教材についての調査結果を平成25（2013）年に学年別にまとめています。教科書が登場してからは、採択された教科書を活用した道徳授業が主となっているので、教師は現在自分が使っている教科書の教材を中心にして道徳の授業を考えるようになるのではないでしょうか。

　さて、武道・芸道などが「守・破・離」の過程を経て発展するように、定番教材あるいは、「道徳教材十八番」と言われるような教材をもとに、新たな発見を引き出すような展開を工夫することは、意義あることです。その指導の原理・原則を学ぶことは、新しい教材を扱うときにも応用可能だからです。

　そこで、私が、過去40年間に行った実践をもとに、第Ⅰ章〜第Ⅲ章までにその指導のあり方について述べていない18の教材をもとにした「その教材の押さえどころ」「本時のねらい」「発問例」を載せます。これらの教材は、文部省（現文部科学省）資料と呼ばれてきた全国的に有名な教材や「わたしたちの道徳」にも掲載された教材もかなりあり、各社から発行されている教科書にもよく取り上げられ入手しやすいものが多いかと思います。なお、教材の選定については低・中・高学年各6つずつ計18、内容的にも、生活

教材・童話，寓話・伝記・文学作品などから、また内容項目的にも幅広く選びました。従って、私が選んだ「道徳教材十八番」と言ってもよいでしょう。その教材の読み解き方を「この教材の押さえどころ」として簡単に述べました。そのうえで、授業をする際の「本時のねらい」と「主な発問例」を掲載しました。また、これらの授業では、導入の後、教材を教師が通読してから、展開に入る授業を想定しています。明日の授業のヒントとして使っていただければと願っています。

参考・引用文献

1）東京学芸大学編（2013）道徳教育に関する小・中学校の教員を対象とした調査 結果報告書　87〜90　東京学芸大学

低学年	内容項目のキーワード	生命の尊さ

●教材名「ハムスターの赤ちゃん」

この教材の押さえどころ

　ハムスターの赤ちゃんがかわいいということを通して生命の大切さに気付かせることもできますが、それでは、反対にかわいくなければ生命の大切さに気付かないことにもなってしまいます。例えば、うじ虫やボウフラやゴキブリをかわいいと感じることは難しいと考えられます。大切なことは、「生きることのすばらしさ」です。また、動物の生命の大切さについて考えることにとどまらず、すべての生命あるものについて考えを広めることが大切です。また、この教材は、主人公が誰かわかりにくい教材でもありますが、世話している飼い主の子どもが主人公です。

本時のねらい：教材「ハムスターの赤ちゃん」のハムスターの赤ちゃんの育ちを通して、生命の尊さや生きることの素晴らしさを感じる心情を育む。

主な発問例

（導入）

　「これまで、動物や人の赤ちゃんを見たことはありませんか。それを見て、どう思いましたか。」

（展開）

　「ハムスターの赤ちゃんのかわいいところはどんなところですか。」

　「ハムスターは、自分の力だけで大きくなっているでしょうか。」

　「ハムスターの赤ちゃんとみなさんはどこか似ているところはないでしょうか。」（中心発問）

　「生命があるからこそすばらしいと思ったことはないでしょうか。」

（終末）

　　一人の人間の両親、祖父母……とたどっていくと、多くの人の生命がつながっているという説話を聞く。

| 低学年 | 内容項目のキーワード | 自然愛護 |

●**教材名　「虫が大すき　〜ファーブル〜」**

この教材の押さえどころ

　ファーブルの虫に対する接し方を通して、探求心の大切さや、個性伸長にもふれることができますが、ファーブルが、虫を観察しても、そのあと虫を逃がしてあげる姿を通して、自然愛護という中心価値に迫ることが大切です。道徳科において、伝記教材を扱う場合は、その人物が特別な偉い人間であるという捉え方をするのではなく、あることを貫くことが、その人物を偉大にしていくという人間観で指導していくことが大切です。

本時のねらい：教材「虫が大すき −アンリ・ファーブル−」のファーブルの虫に対する接し方を通して、生き物の命や自然を大切にしようとする心情を育む。

主な発問例

（導入）

　「これまでに生き物を飼ったことはありませんか。」

（展開）

　「（ファーブルの写真を見て）何をした人でしょう。」

　「ファーブルは虫を観察しながらどんなことを見つけようとしていたのでしょう。」

　「ファーブルはどうして、観察した後、虫をにがしていたのでしょう。」

　「生き物に優しくするとはどうすることでしょう。」（中心発問）

　「これまで、生きものを飼ったことのある人は、どんなことに気をつけて世話しましたか。」

（終末）

　「ファーブルのいいなと思うところは、どんなところですか。」（書く）

| 低学年 | 内容項目のキーワード | 公平・公正・社会正義 |

●**教材名「およげないりすさん」**

この教材の押さえどころ

　この教材は、作成された当時は、仲間外れをすると本当の楽しさはないという意味で、公平・公正・社会正義の教材として作成されましたが、平成元年の学習指導要領の改訂以来長年の間、低学年にこの内容項目がなかったため、いじめについて考えさせるような友情，信頼の教材として使われてきました。あひる・かめ・はくちょうが、りすを置きざりにして島に遊びに行っても楽しくないので、考え直して行動するところに焦点を当てて授業を進めていくことが大切です。

　本時のねらい：教材「およげないりすさん」のあひる・かめ・はくちょう
　　　　　　　　　の変容を通して、仲間外れをせず誰とでも仲良くしようと
　　　　　　　　　する心情を高める。

主な発問例

（導入）

　「友達となかよしって、どんなことを言うのですか。」

（展開）

　「置き去りにされた　りすさんは、どんなことがつらかったでしょう。」

　「三びきは、島で遊んでいても、少しも楽しくないのはどうしてですか。」

　「みんなと一緒に島へ向かう時、りすさんは、どのようなことを考えていたでしょう。」

　「三びきは、笑顔のりすさんを見て、どんなことに気が付いたでしょう。」

　（中心発問）

　「昨日と今日を比べてどんなところが違いますか。」

（終末）

　「三びきに言ってあげたいことを書きましょう。」

| 低学年 | 内容項目のキーワード | 規則の尊重 |

●**教材名　「黄色いベンチ」**

この教材の押さえどころ

　この教材「黄色いベンチ」では、たかしとてつおは、紙飛行機を遠くに飛ばすことに夢中になって、ベンチにの上に汚れた土足で上がったことが問題なのですが、決して人の服を汚してやろうと思ってベンチに上がったわけではありません。ベンチに座った女の子のスカートがドロドロになっていることに二人が気付いたとき、どうするかを想像させることが大切です。

本時のねらい：夢中になって遊んでいると、ルールを忘れがちになることに気付き、ルールを守ろうとする判断力を育てる。

主な発問例

（導入）

（紙飛行機を床の上と、いすの上から飛ばす動作化を見て）

「気付いたことを話し合いましょう。」

（展開）

「たかしくんとてつおくんは、どうしてベンチの上から紙飛行機を飛ばしたりしたのでしょう。」

「二人は、ベンチの上に土足で乗ってはいけないことを知らなかったのでしょうか。」

「二人は、女の子のスカートを汚したいと思っていたのですか。」

「汚したいと思っていないのに、どうしてベンチを汚してしまったのでしょう。」

「二人が気を付けなければいけなかったのはどんなことですか。」（中心発問）

（終末）

「二人が、この後女の子とおばあさんのところに行って、どう言ってあやまるかやってみましょう。」（役割演技）

| 低学年 | 内容項目のキーワード | 感謝　家庭愛，家庭生活の充実 |

●教材名「きつねとぶどう」

この教材の押さえどころ

　この教材の原作は、坪田譲治の童話ですが、坪田譲治は、道徳教材のためにこの童話を書いたのではありません。この教材では、はっきりと親ぎつねの死やぶどうの木が親ぎつねが運んだ実の種から生えたものとは書いてありません。あくまでも、読者である子どもの想像力の問題になります。また、この教材を使った授業で、保護者から子どもへの手紙を渡して読むような授業展開も見られますが、それは、保護者がそのような手紙を書ける家庭ばかりであるかということを教師が考えてしなければいけません。これは、どのような家族愛を描いた教材を扱う場合にも言えることです。

本時のねらい：教材「きつねとぶどう」の親ぎつねの深い愛情に対する子
　　　　　　　ぎつねの感謝の気持ちに共感し、身近で自分の世話をして
　　　　　　　くれる人々に感謝する心情を育む。

主な発問例
（導入）
　「みなさんが、家の人にしてもらっていることにどんなことがあります
　か。」
（展開）
　「親ぎつねは、なぜぶどうを採りに行ったのでしょう。」
　「親ぎつねは、どうして大声でさけんだのでしょう。」
　**「子ぎつねは、ぶどうがなっているのを見て、どんなことに気が付いた
　でしょう。」（中心発問）**
　「子ぎつねが、親ぎつねに言いたかったことを、吹き出しに書きましょ
　う。」
（終末）
　「みなさんがお世話になっていると思う人に手紙を書きましょう。」

　低学年 ｜ 内容項目のキーワード ｜ 正直, 誠実

●教材名「お月さまとコロ」
この教材の押さえどころ
　この教材は、「うそ」のついて考える正直，誠実ではなく、素直になる
ことで、心が晴れ晴れとしてくるという人間の心の姿に気付かせるタイプ
の教材です。すねていたコロが、「自分の顔を露に映して見てごらん。」と
いうお月さまの助言に従って、わがままな自分の姿を直視することがコロ
の成長につながっています。低学年の教材ですから、露に映したコロの顔
の違いを絵で示すような視覚的な工夫も大切です。

本時のねらい：教材「お月さまとコロ」のコロの成長を通して、素直にな
　　　　　　　ることによって、心が晴れ晴れとしてくるということに気
　　　　　　　付き、素直にのびのびと生活をしようとする心情を育てる。

主な発問例

（導入）

　「コオロギのコロとギロを紹介しましょう。」

（展開）

　「コロにとってギロは、どんな友達ですか。」

　「ギロは、どうして怒ってしまったのですか。」

　「草のつゆに映った自分の顔を見て、どうしてコロは涙を流したのでし
　ょう。」

　「コロの心が晴れ晴れとしてきたのはどうしてですか。」（中心発問）

　「どの考えで心が変わったら一番よいと思いますか。」

（終末）

　「次の日，コロはギロにどんなことを話したでしょう。」

　（コロとギロになって役割演技をする。）

| 中学年 | 内容項目のキーワード | 家族愛，家庭生活の充実 |

●**教材名「お母さん(ブラッドレー)のせいきゅう書」**

この教材の押さえどころ

　教科書によっては、たかしではなく、だいすけ等の日本人名や原作の名
前　ブラッドレーが、お母さんに「自分ができることを何かさせてくださ
い。」と申し出るところまで書かれているものもあります。学級に40人の
子どもがいれば、家族の形態や、家族のつながりの深さは40通りあります。
子どもは、家族のことを考えるときに、学年が低いほど自分の家族を基準
にしてものを考えます。教材中の人物の家族と自分の家族とがあまりにも

かけ離れていると、理解し得ないこともあります。それを押さえて、無理に全員が同じように考えることを期待しないことが大切です。

本時のねらい：教材「お母さんのせいきゅう書」のたかしの涙の意味を考えることを通して、親の無償の愛に気付く。

主な発問例

（導入）

フラッシュカード「○○したら、○○くれる？」を見て話し合う。

「どんな時に出るセリフですか。」

「働いて、お金や物をもらうことは悪いことですか。」

（展開）

「たかしは、どうしてせいきゅう書を書いたのでしょう。」

「お金をもらったたかしはどう感じたでしょう。」

「せいきゅう書に0円と書いてあったら嬉しいのではないかと思うのですが、たかしは、どうして泣いたのでしょう。」（中心発問）

「お家の人があなたたちのためにしてくれていることは、お金や物のためですか。」

（終末）

「『お母さんのせいきゅう書』を読んで、初めて知ったことや、考えたことを書きましょう。」

中学年	内容項目のキーワード	正直，誠実

●**教材名「ぬれた本～リンカーン～」**

この教材の押さえどころ

「ぬれた本」は、リンカーンの少年時代の逸話をもとにしたものです。このような「偉人伝」を扱うときには、「偉人」を常人ではまねのできないような特別な人間として扱わず、自分たちと同じような悩みをもつ人間

として扱うことが大切です。そのためには、リンカーンがとった行為そのものよりも、その行為をするに至ったもとになる考え方に焦点を当てて授業を進めたいです。その中で、ぬれた本を手にしたときの苦しみ・迷いを、子どもたちの生活と対比して考えさせたうえで、リンカーンのとった行動の価値に気付かせたいものです。

本時のねらい：教材「ぬれた本」の少年時代のリンカーンの行動を通して、人が見ていてもいなくても、かげひなたなく誠実に問題に対応しようとする心を育てる。

主な発問例

（導入）

「[_____]本」の隠れたところに、どんな言葉が入ると思いますか。

「実は、「ぬれた本」なんです。どんなことをしたら、本をぬらしてしまうことがあるでしょうか。」

「もし、その本が人から借りた本だったら、どう思いますか。」

（展開）

「ぬれた本を見たとき、リンカーンは、どんなことを思ったでしょう。」

「リンカーンは、どうして三日間働くことを思いついたのでしょう。」

「みなさんは、どの考えで働くのが一番よいと思いますか。そのわけはなぜですか。」

「その家の人は、なぜ、『働かなくてもいい。』と、言ったのでしょう。」（中心発問）

「その家の人は、なぜ、本をくれたのでしょう。」

（終末）

「リンカーンに言ってあげたいことを書きましょう。」

●教材名「心と心のあく手」

この教材の押さえどころ

　この教材は、主人公のぼく（はやと）は、もともと親切な少年で、「荷物、持ちます。」と声をかける最初の行動は、よい行動ですが、さらに、相手のことを考えて行動することが、おせっかいではなく、より高い「親切」であることに気付かせたいものです。お母さんの言葉で、さらに高い価値に気付くぼくの変容を中心に指導することが大切です。思いやりを行為に移すときに、適切な判断が伴わないと、かえって相手をそこなうことになります。なぜなら、人が常にそのことに感謝するとは限りませんし、かえって、おせっかいになることもあるからです。

本時のねらい：教材「心と心のあく手」のぼく（はやと）の気付きを通して、
　　　　　　　より高い親切のあり方について、判断力を高める。

主な発問例

（導入）

　「これまで、人に親切にされたことはありますか。それはどんなことですか。」

　「これまで、人に親切にしたことはありますか。それはどんなことですか。」

（展開）

　「ぼくは、最初におばあさんを見たとき、どのようなことを考えましたか。」

　「おばあさんに、声をかけたのに断られたとき、ぼくはどう感じたでしょう。」

　「おかあさんに、"まちがっていないよ。"と言われたとき、ぼくの考えはどう変わりましたか。」

「数日後、おばあさんに出会ったとき、ぼくはどうしようと考えましたか。」

「おばあさんの、"ありがとうね。"という言葉は、ぼくのどんなことに対して言った言葉でしょう。」（中心発問）

（終末）

「『心と心のあく手』を読んで、親切にすることは、どうすることが大切か考えたことを書きましょう」

| 中学年 | 内容項目のキーワード | 友情，信頼 |

● 教材名「いのりの手」

この教材の押さえどころ

この教材をデューラーとハンスの友情を美談として讃えるような展開では、いわゆる「きれいごと」になってしまいます。時間の経過によって、二人の友情が微妙に変化していることに着眼して、この教材を読み解いていくことが求められます。子どもに伝える必要はありませんが、この教材の背景には、キリスト教的な「贖罪」という考えがあることも、指導者は押さえておいたほうがよいでしょう。

本時のねらい：教材「いのりの手」のデューラーがハンスの手を握りしめたときの二人の想いを通して、真の友情を育むことについて考えを深める。

主な発問例

（導入）

（「いのりの手」の絵を見て）「この絵を見て、どんなことを思いますか。」

（展開）

「交代で絵の勉強をしようと提案した時、二人はそれぞれ、どんなことを想っていたでしょう。」

「３年後、二人の想いは同じでしょうか。」（３年間の二人の心の距離を板書にカラーマグネットで表すと、視覚的にわかりやすい）

「デューラーは、どんなことを想ってハンスの手を握りしめたのでしょうか。」

「その時、ハンスは、どんなことを思ったでしょう。」

「デューラーは、この絵に、どんな想いを込めて描いたでしょう。」（中心発問）

（終末）

「この話から、あなたはどんなことを感じたか書きましょう。」

| 中学年 | 内容項目のキーワード | 友情，信頼 |

●**教材名「絵はがきと切手（大きな絵はがき）」**

この教材の押さえどころ

この教材に、ひろ子はどうしたらよいかということについてのいわゆる「正解」はありません。料金不足であることを伝えることが友情をこわすことになるのではないか。友達から悪く思われたくない、友達関係を壊したくないという考え方には、どこか足りないところがあるのではないか。ということを考えさせることが大切です。また、この教材は、問題解決的学習の「あなたならどうする。」という発問をもとにして、考えていくことも有効だと思います。

本時のねらい：教材「絵はがきと切手（大きな絵はがき）」のひろ子の判断を通して、どうすることが、友達を大切にすることか判断力を高める。

主な発問例

（導入）

「みなさんが、友達っていいなと感じるときはどんな時でしょう。」

（展開）

「ひろ子が迷ったのはどうしてですか。」

「母と兄の考えについて、それぞれどう思いますか。」

「あなたが、ひろ子なら、どうしますか。」（中心発問）

（「伝える」と「伝えない」に分かれて、その理由について話し合う。）

「ひろ子が手紙に120円切手を貼らなければならないことを決めたのはどうしてですか。」

「友達から悪く思われたくない、友達関係を壊したくないという考え方は、どこか足りないところがあるのではないでしょうか。」

「友達に注意されて、納得できた時と腹が立った時のちがいを考えましょう。」（それは、注意のしかただけでしょうか。）

（終末）

「あなたは、ひろ子の判断をどう思うか書きましょう。」（書く）

| 中学年 | 内容項目のキーワード | 希望と勇気　努力と強い意志 |

● 教材名「よわむし太郎」

この教材の押さえどころ

　この教材は、民話風に書かれていますが、文部省資料として作られたものです。この教材において、主人公の太郎は、本質的には全く変わっていないのに、周囲の人が太郎を見る目が変容したという特色をもっています。身を挺して白鳥を守ろうとする太郎の勇気ある姿を見て、殿様が正義に目覚めて改心し、これまで弱虫と見くびっていた子どもたちの太郎を見る目が変わったというところに着眼して、発問づくりをしていくことが大切です。

本時のねらい：大切にしているものを必死で守ろうとした太郎の姿を通して、太郎を見る周囲の目が変わり、自分自身が正しいと判断したことを自信をもって行おうとすることの大切さに気付く。

主な発問例

（導入）

　「『弱虫』とは、どんな人のことを言うのですか。」

（展開）

　「子どもたちは、太郎のことをどう思っていましたか。」

　「弱虫と言われても怒らない太郎は、子どもたちのことをどう思っていましたか。」

　「太郎は、どうして殿様の弓矢の前に立ちはだかったのでしょう。」

　「殿様が考えを変えたのはなぜでしょう。」

　「太郎のまわりに集まってきた子どもたちは、どんなことに気づいたのでしょう。」（中心発問）

　「よわむし太郎という名前がこの村から消えたわけはなぜですか。」

（終末）

　「太郎に言ってあげたいことを吹き出しに書きましょう。」

中・高学年	内容項目のキーワード	生命の尊さ

●教材名「電池が切れるまで」

この教材の押さえどころ

　命が大切であることは、小学校に入学する前から、保護者や幼稚園・保育所で教えられて、どの子どもも言葉や知識としては知っています。しかし、このように病気で死と向き合って生きる人の生命の尊さを描いたノンフィクションの教材を通して、生命についての考えをより深めることは、より大切です。この教材は、詩が中心ですが、詩だけでなく、この詩が生まれた背景やエピソードを知ることで、より深い考えを育むことができます。葬儀で宮越由貴奈さんのお母さんのお礼のあいさつを紹介した授業を参観したこともあります。しかし、どこまで子どもに伝えることが適切かは、その学級の子どもの実態によっても、変わってきます。

本時のねらい：教材「電池が切れるまで」の宮越由貴奈さんの生涯を通して、命の尊さについて考えを深め、命を大切にしようとする心情を高める。

主な発問例

（導入）

「命が大切なのはどうしてですか。」

（展開）

「由貴奈さんが、この詩を通して伝えたかったのはどんなことだったと思いますか。」

「電池と命は、どこが違うでしょう。」

「この詩にはどんな願いが込められていますか。」（中心発問）

（教材によっては）「この詩を読んだ子どもたちの考えは、どう変わりましたか。」

（終末）

「『電池が切れるまで』を読んで、命を大切にするために、自分ができることはどんなことかを書きましょう。」

| 高学年 | 内容項目のキーワード | 親切，思いやり |

●教材名「くずれ落ちたダンボール箱」

この教材の押さえどころ

　わたしと友子が、ショッピングセンターのくずれ落ちたダンボール箱をもとに戻した行動は、親切な行動ではありますが、自分たちの誤解を解くための行動はしていません。むしろ、周囲の人たちが、このままではいけないと、それぞれの立場でできることをして二人の誤解を解こうとしているという特色のある教材です。それならば、周囲の人たちの行動（おばあさんが店員に伝える、店員が校長先生に手紙を書く、校長先生がその手紙を全校児童の前で読み上げる）がなければ、二人の行動は価値のないこと

だったかということが問われています。

本時のねらい：教材「くずれ落ちた段ボール箱」のわたしの行動を通して、たとえ相手にわかってもらえなくても、相手のことを考えてしたことは親切であることに気づき、思いやりの心をもって親切にしようとする心情を育てる。

主な発問例

（導入）

　吹き出し「せっかく親切にしたのに・・・・・」を見て、どんな言葉が入るでしょう。

　「そんなとき、相手に対してどう思うでしょう。」

（展開）

　「私と友子は、なぜダンボール箱の片付けを手伝ったのでしょう。」

　「おばあさんに、お礼を言われたとき、私は、嬉しかったでしょうか。」

　「おばあさんは、なぜ、店員にお話をしたのでしょう。」

　「店員は、なぜ、校長先生に手紙を書いたのでしょう。」

　「どうして、校長先生は、全校児童にこの手紙を紹介したのでしょう。」

　「もしも、店員からの手紙が来なかったら、二人のしたことは、価値のないことでしょうか。」（中心発問）

（終末）

　「『くずれ落ちた段ボール箱』を学んで、気付いたことや考えたことを書きましょう。」

| 高学年 | 内容項目のキーワード | 自然愛護 |

●**教材名「ひとふみ十年」**

この教材の押さえどころ

　それまで、自然について深く考えることなく行動していた勇が、自然解

説員の松井さんから「ひとふみ十年」を合言葉に自然を守っている人たちがいることを聞いて、考えを深めるところがこの教材のポイントです。この教材の構造は、主人公の勇が松井さんの助言によって成長するという道徳教材によく見られるものです。勇の気付きや人間的成長を中心にして発問づくりをしていくことが大切です。

本時のねらい：教材「ひとふみ十年」の勇の変容を通して、自然環境を守り育てようとする心を育てる。

主な発問例
（導入）
　（チングルマの花の写真を見て）
　「どんなことに気が付きましたか。」
　（立山連峰に咲く花であることを知らせる。）
（展開）
　「勇は、どうして草むらに腰を下ろしたのでしょう。」
　「松井さんに注意されたとき、勇はどう感じたでしょう。」
　「チングルマに年輪があることを知って、勇は、どんなことに気づいたでしょう。」
　「『ひとふみ十年』という言葉とその意味を聞いて、勇は、どんなことを考えたでしょう。」（中心発問）
　「勇は，立山へ来てどんなことを学びましたか。」
（終末）
　「『自然を守る』とはどんなことか書きましょう。」
　（1人でできること・みんなでできることを考えて）

| 高学年 | 内容項目のキーワード | 相互理解，寛容 |

●**教材名「ブランコ乗りとピエロ」**

この教材の押さえどころ

　ピエロは、それまで一座の一番の人気者でしたが、新入りのサムによってその地位を脅かされます。ピエロがサムの努力やサーカスに対する姿勢に気付くところが山場になりますが、ピエロのサムに対する嫉妬が相手のよさを認めることを妨げていることを通して、相手のよさを受け容れることに気付かせたいものです。サーカスにおける人間関係をわからせる必要はありませんが、嫉妬という人間だれしもがもっている弱さに気付かせ、それをコントロールすることの大切さを知ることが、この教材を通して深い人間観を育てることにつながります。

本時のねらい：ピエロがサムのよさを見ようとしなかった理由を考えることを通して、嫉妬や不安感が偏見につながることに気付き、相手のよさを素直に受け入れようとする心情を育てる。

主な発問例

（導入）

　「スターとは、どんな人ですか。」

（展開）

　「ピエロは、いつも目立っているサムのことをどう思っていますか。」

　「ピエロが腹を立てたのは、サーカス団のことを思っていたからだけでしょうか。」

　「それでは、他にどんな理由があると思いますか。」（上と一つにしてよい）

　「静かに話し始めたピエロは、サムのことをどう思うようになってきたでしょう。」

　「ピエロが、これまでサムのよさを見ようとしなかったのは、どんな気持ちが邪魔をしていたのでしょう。」（中心発問）

（終末）

　「『ブランコ乗りとピエロ』を読んで、初めて気付いたことや考えたこと

を書きましょう。」

| 高学年 | 内容項目のキーワード | 友情，信頼 |

● 教材名「ロレンゾの友達」

この教材の押さえどころ

　この教材には、山場が二つあります。①三人が自分の考えを述べるところ。②かしの木の下で話し合ったことは、三人とも口にしなかったところ。

　①を大切にして、三人の誰の考えに共感するかを問えば、発言が多くなり、授業として盛り上がりますが、それだけでは友情観についての考えは浅くなります。なぜなら、情で判断していたのは、アンドレであり、ニコライは、友情よりも法と正義で判断しているからです。むしろ、この教材で友情を深く描いているのは、②の最後の数行の段落に書かれている三人の行動です。三人が、前日かしの木の下で話し合ったことを黙っていたところに、ロレンゾを疑っていた後ろめたさが表れています。

　本時のねらい：教材「ロレンゾの友達」の３人それぞれの対応や足りない
　　　　　　　　点を考えることを通して、よりよい友達関係を築くために
　　　　　　　　は、「信じる」ことが大切であることに気付かせる。

主な発問例

（導入）

　「みなさんが友達っていいなと思うのは、どんなときですか。」

（展開）

　「ロレンゾは、なぜ三人に会いたいと思っているのでしょう。」

　「三人は、それぞれどんなことを考えましたか。この三人の中で自分が
　　共感する考えは、誰の考えですか。それはなぜですか。」

　「三人は、どんなことを考えながら、家路についたのでしょう。」

　「三人は、ロレンゾが本当に罪を犯していないと思っていたでしょうか。」

「かしの木の下で話し合ったことを 3 人のだれもが口にしなかったのは
なぜですか。」(中心発問)

(終末)

「自分が感じたこと、考えたこと、新たにわかったことなどを書きましょ
う。」

| 高学年 | 内容項目のキーワード | 公正, 公平, 社会正義 |

●教材名「杉原千畝」

この教材の押さえどころ

この教材は、「公正, 公平, 社会正義」だけでなく、「希望と勇気　努力
と強い意志」「思いやり」「生命の尊さ」「感動, 畏敬の念」「よりよく生き
る喜び」などの内容項目が含まれています。学年が上になるほど、一つの
教材に複数の内容項目が描かれることが多くなります。そのなかで、中心
価値と周辺の価値を見分けることが求められます。「公正, 公平, 社会正
義」に焦点を当てるなら、教材のどこに着眼し、どのようなねらいを立て
るかが大切です。ビザを出せば、あるいは、出さなければ、自分や家族は
どうなり、ユダヤ人たちはどうなるかを考えさせることによって、多面的・
多角的なものの見方ができます。なお、失ったもの・失わなかったもの(得
るもの)を問うような発問は、人間が決断するときに迷い悩むことが描か
れた教材において有効です。

本時のねらい:政府の命令に背いてまでビザを書き続けた千畝が失ったも
　　　　　　　のと、失わなかったものを考えることを通して、社会正義
　　　　　　　の実現に努めようとする判断力を育てる。

主な発問例

(導入)

「杉原千畝の写真を見て話し合う。(何をした人でしょう。)」

（展開）

　「杉原千畝は、どんなことで悩んだのですか。」

　「杉原千畝は、どうしてビザを出したのでしょう。」

　「ビザを書くことで、杉原千畝が失ったものは何でしょう。」

　「ビザを書くことで、杉原千畝が失わなかったものは何でしょう。」（書く）

　（中心発問）

　「杉原千畝の行動のすばらしいところはどこですか。」

（終末）

　「杉原千畝の生き方を通して、人間として大切なことはどんなことだと
　思いますか。」（書く）

本書で授業展開が採り上げられた教材が掲載されている教科書
（令和2（2020）年度より使用）

（登場順○の数字は掲載されている学年）

教材名（掲載順）＼教科書会社（略称）	東書	学図	教出	光村	日文	光文	学研	廣あかつき
まどガラスと魚		③	③		③		③	③
はしのうえのおおかみ	①	①	①	①	①	①	①	①
二わのことり	①	①		①	①	①	①	①
友のしょうぞう画		⑥		⑤	⑤	⑥	⑤	⑤
手品師	⑥	⑤	⑥	⑥	⑥	⑤	⑤	⑥
ぐみの木と小鳥		②		②	②	②	②	②
かぼちゃのつる	①	①	①	①	①	①	①	①
ひつじかいのこども（ひつじかいとおおかみ等）					①			①
金のおの	②	①	②	①		①	①	①
金色の魚		③		③	④		③	③
雨のバスていりゅう所で	④	④	④	④	④	④	④	④
新次のしょうぎ					④			④
目ざまし時計	④	③	④	④	④			④
うばわれた自由		⑤	⑥	⑤	⑤	⑤	⑤	⑤
すれちがい		⑤		⑤	⑤		⑤	
修学旅行の夜	⑥							
たまちゃん、大すき	①							
これって不公平？					⑤			
ぎおんまつり					②			②
ふるさといいとこさがし	③							
人間をつくる道　剣道		⑥			⑥			
七つの星（ひしゃくぼし）	②	②	①	①	②	①	①	①
しあわせの王子	③	③	③			②	③	②
百羽のツル	③					④		③
花さき山	④	③	③	④	④	③	④	④

青の洞門	⑥	⑥			⑥	⑥	⑥	⑥
ハムスターの赤ちゃん	①	①	①		①		①	①
虫が大すき　～ファーブル～			②		②			①
およげないりすさん		②	②	②		②	②	①
きいろいベンチ	②	②	①	②		①	②	②
きつねとぶどう		②	②				②	②
お月さまとコロ		②		②	②			②
お母さん（ブラッドレー）のせいきゅうしょ	④	③	④	④	③	④	④	④
ぬれた本　～リンカーン～	③							③
心と心のあく手			④		④		④	④
いのりの手					④	④		
絵はがきと切手（大きな絵はがき）	④	④	④	④	④		③	④
よわむし太郎		③	③	④				③
電池が切れるまで		④		⑤	⑤		⑤	
くずれ落ちたダンボール箱	⑤				⑤		⑤	⑤
ひとふみ十年	⑤	⑤		⑤	⑤			⑤
ブランコ乗りとピエロ		⑤	⑥	⑤	⑥	⑥	⑥	⑥
ロレンゾの友達		⑤		⑥	⑥		⑥	⑥
杉原千畝（命のビザ）			⑥		⑥	⑥		

藤田　善正（ふじた　よしまさ）

昭和27（1952）年12月13日尼崎市生まれ
昭和52（1977）年大阪教育大学大学院修了。
守口市立橋波小学校教諭，大阪教育大学教育学部附属池田小学校教諭，同校教頭・副校長，守口市教育委員会主幹兼指導主事　大阪府教育委員会指導主事，守口市立南小学校教頭，守口市教育委員会人権教育課長，守口市教育委員会教育・人権指導課長，守口市立寺方小学校校長，守口市立八雲小学校校長，大阪総合保育大学非常勤講師

平成6年度　文部省小学校道徳教育推進指導資料作成協力者会議委員
平成10・11年度　大阪府道徳実践活動学習教材作成会議委員
平成16・17年度　文部科学省「心のノート」の改善協力者会議委員
平成22～23年度　全国小学校道徳教育研究発表大会大阪大会実行副委員長
平成24年　大阪府小学校道徳教育研究会副会長　大阪府小学校道徳教育研究発表大会北河内大会実行委員長

〈主な著作〉
「自ら問い続ける個の学習」（分担執筆1985泰流社）
「小学校道徳主として他の人々のかかわりに関すること」（分担執筆1990明治図書）
「個性を生かす授業の創造」（分担執筆1994明治図書）
「感動と感化で創る道徳授業」（単著1997明治図書）
「全訂教頭読本」（分担執筆1999教育開発研究所）
「心理学者が語る心の教育」（分担執筆1999実務教育出版）
「ボーイ・ソプラノの研究」（単著1999東和印刷）
「「心の教育」時代の道徳教育」（単著2000明治図書）
「重要用語300の基礎知識12　道徳・特別活動重要用語300の基礎知識」（分担執筆2000明治図書）
「子どものこころの見方、育て方」（分担執筆2006培風館）
「共に育ちましょう　本気で学び続ける子どもを育てる学校経営」（単著　2013 日本教育研究センター）
「考えることが楽しくなる道徳の授業」（単著　2017　日本教育研究センター）

小学校道徳科の新たな議題に挑む
～教材のタイプに応じた授業づくり～

2020年12月4日　第1刷発行

著　者　藤田　善正

発行者　岩田　弘之

発行所　株式会社日本教育研究センター
　　　　http://www.nikkyoken.com/
　　　　本　社　〒540-0026　大阪市中央区内本町2-3-8-1010
　　　　　　　　Tel 06-6937-8000　Fax 06-6937-8004

カバー表紙デザイン　中原　航

ＤＴＰ　　前　克彦

印刷所　シナノ書籍印刷株式会社